■ 中等职业教育会计事务专业系列教材

U0656783

会计报表的填制与数据分析

李海军 主编

陈颢 于涵
朱洪锐 段建峰 副主编

Kuaiji Baobiao De
Tianzhi Yu Shuju Fenxi

东北财经大学出版社
Dongbei University of Finance & Economics Press 大连

图书在版编目（CIP）数据

会计报表的填制与数据分析 / 李海军主编. —大连：东北财经
大学出版社，2024.11. —（中等职业教育会计事务专业系列教材）.
ISBN 978-7-5654-5443-1

Ⅰ. F231.5

中国国家版本馆 CIP 数据核字第 202449H5R9 号

东北财经大学出版社出版

（大连市黑石礁尖山街217号　邮政编码　116025）

网　　址：http://www.dufep.cn

读者信箱：dufep@dufe.edu.cn

大连永盛印业有限公司印刷　　东北财经大学出版社发行

幅面尺寸：185mm×260mm　　字数：185千字　　印张：10

2024年11月第1版　　　　　2024年11月第1次印刷

责任编辑：孙　平　　　　　　责任校对：一　心

封面设计：原　皓　　　　　　版式设计：原　皓

定价：38.00元

教学支持　售后服务　　联系电话：（0411）84710309

版权所有　侵权必究　　举报电话：（0411）84710523

如有印装质量问题，请联系营销部：（0411）84710711

前　言

　　会计报表是企业会计部门基于日常会计核算的结果，在统一的货币计量单位下，按照规定格式、内容和编制方法定期编制的书面文件，是企业向外界或管理层提供的文件，用于展示特定日期的财务状况以及某一会计期间的经营成果和现金流量等会计信息。

　　应用能力培养是职业教育改革的重要内容，是会计类专业学生步入财务领域的基础。为了培养学生掌握会计报表的填制方法，学会对报表数据进行分析和运用，我们以最新的《企业会计准则》为依据，以财务会计相关理论为基础，编写了本书。

　　本书以党的二十大精神为根本遵循，以加快推进新时代教材建设为目的，详细介绍了会计报表的填制方法和数据分析方法。本书在系统讲解会计报表的填制过程和数据分析方法的基础上，注重培养学生职业道德，使他们在填制会计报表时，能够恪守会计职业道德，保证会计报表的真实性、公正性和可比性，从而提高会计报表的质量。

　　本书涵盖了资产负债表、利润表、现金流量表、所有者权益变动表和会计报表附注等内容，解释了会计报表的结构和意义，并通过数据分析方法解读了会计报表的信息。此外，本书还阐述了资产负债表、利润表、现金流量表和所有者权益变动表之间的关系，解释了它们之间的钩稽关系，以确保会计报表的一致性和准确性。

　　本书既适合中等职业学校会计类专业学生使用，也可供刚跨入财务领域的会计人员参考。

　　本书由李海军担任主编，陈颢、于涵、朱洪锐、段建峰担任副主编，具体分工如下：李海军，第1章和第3章；陈颢，第5章和第6章；于涵，第2章和第8章；朱洪锐，第4章；段建峰，第7章。

　　由于编写时间仓促，加之作者水平有限，书中的缺点和不足之处在所难免，还请读者不吝赐教，以便今后加以修订完善。

编　者

2024年9月

目　录

第1章

会计报表填制的准备

内容导读

企业生产经营一段时间后，取得怎样的经营成果，又存在哪些问题，财务人员需要编制反映企业资产规模、负债规模以及利润成果的总结性文件，这就是会计报表。会计报表由报表本身和附注两部分组成。一份完整的会计报表至少包括资产负债表、利润表、现金流量表、所有者权益（或股东权益）变动表以及附注，这被称为"四表一注"。小企业编制的会计报表可以不包括现金流量表。

会计报表作为信息披露的重要工具，能够为企业决策提供准确、真实的财务信息，确保企业收支的透明度和合规性，为经济社会发展提供支持和保障。在会计报表编制中，要遵循"平等、公正、诚信"原则，确保报表真实、准确地反映企业的财务状况和经营成果；要遵循党的二十大报告提出的"高质量发展"要求，确保报表的质量和可持续性，提高财务信息的准确性、可靠性和可比性。此外，会计报表需要对企业的环境、社会和治理等方面进行披露，以满足社会对企业透明度和可持续发展的要求。

要学习如何编制会计报表，就得从认识会计报表开始。

1.1 对会计报表的基本认识

1.1.1 会计报表的定义和构成

会计报表是对企业财务状况、经营成果和现金流量的结构性表述。会计报表至少应当包括下列组成部分：①资产负债表；②利润表；③现金流量表；④所有者权益（或股东权益，下同）变动表；⑤附注。

1.资产负债表

资产负债表用于反映企业在一定日期的财务状况。这里的"一定日期"通常是各会计期末。而"财务状况"指的是企业的资产、负债和所有者权益的状况。资产负债表的形成需要经过一系列的会计程序，包括分录、转账、分类账、试算平衡和调整等。

2.利润表

利润表是用于反映企业在一定会计期间内经营成果的会计报表。这里的"一定会计期间"可以是一个月、一个季度、半年或一年等。有些企业也将其称为损益表或收益表，因为企业在特定会计期间内的经营成果可能是盈利或亏损。利润表可以被用来解释、评估和预测企业的经营成果、盈利能力和偿债能力。报表的使用者可以通过利润表来评估企业的财务状况，并做出相应的决策。同时，利润表也可以用于评估和考核企业管理人员的绩效。

3.现金流量表

现金流量表是用于反映企业在一个固定期间内现金增减变动情况的会计报表。这里的"一个固定期间"可以是一个月、一个季度、半年或一年等。这里的"现金"是指企业的现金和现金等价物，如图1-1所示。

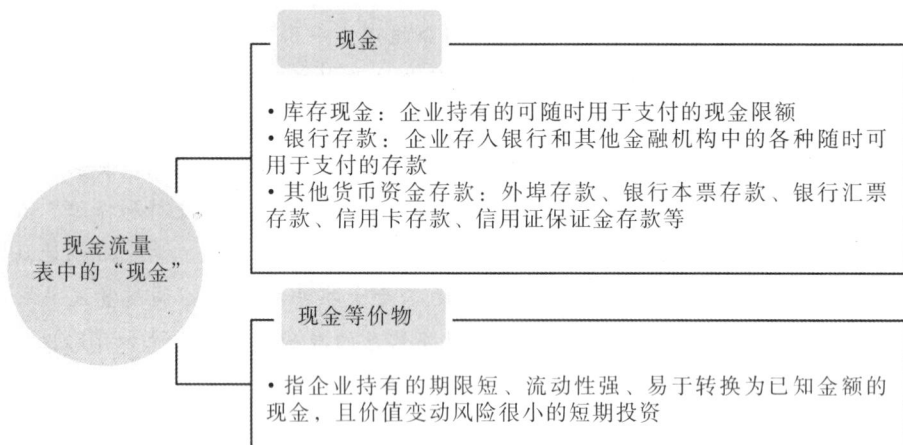

图1-1 现金流量表中的"现金"

4.所有者权益变动表

所有者权益变动表是用于反映构成所有者权益的各组成部分当期变动情况的报表。这份报表不仅可以为报表使用者提供有关所有者权益总量的增减变动信息，还能为他们提供有关所有者权益增减变动的结构性信息。

5.附注

会计报表附注是对资产负债表、利润表、现金流量表和所有者权益变动表的解释和补充说明，旨在帮助会计报表使用者更全面地理解会计报表的内容。一般企业的会计报表附注主要包括以下十项内容：企业的基本情况；会计报表的编制基础；遵循企业会计准则的声明；重要会计政策的说明，如会计报表项目的计量基础、会计政策的确定依据等；重要会计估计的说明，如可能导致下一会计期间内资产、负债账面价值重大调整的会计估计的确定依据等；会计政策和会计估计变更及差错更正的说明；重要报表项目的说明；或有和承诺事项；资产负债表日后非调整事项；关联方关系及其交易。

1.1.2 会计报表列报的基本要求

1.依据各项会计准则确认、计量的结果编制会计报表

企业应根据实际发生的交易和事项，遵循《企业会计准则——基本准则》（以下简称"基本准则"）、各项具体会计准则及解释的规定进行确认和计量，并在此基础上编制会计报表。会计报表只有在遵循了企业会计准则的所有规定时，才能被称为"遵循了企业会计准则"。企业应在附注中声明这一情况，但不能以在附注中披露代替对交易和事项的确认和计量。

2.列报基础

企业在编制会计报表时应以持续经营为基础。在编制会计报表的过程中，企业管理层应全面评估企业的持续经营能力。如果评估结果对持续经营能力产生重大怀疑，企业应在附注中披露这些影响因素以及拟采取的改善措施。

如果一个企业存在以下情况之一，通常表明它处于非持续经营状态：①企业已在当期进行清算或停止营业；②企业已正式决定在下一个会计期间进行清算或停止营业；③企业已确定在当期会计期间或下一个会计期间没有其他可选择的方案，并将被迫进行清算或停止营业。当企业处于非持续经营状态时，应采用清算价值等其他基础编制会计报表。例如，破产企业的资产应根据可变现净值计量，负债则按预计结算金额计量。在非持续经营情况下，企业应在附注中声明会计报表未以持续经营为基础列报，披露未以持续经营为基础的原因以及会计报表的编制基础。

3.权责发生制

除现金流量表按照收付实现制编制外，企业应当按照权责发生制编制其他会计报表。在采用权责发生制会计的情况下，当项目符合基本准则中会计报表要素的定义和确认标准时，企业应确认相应的资产、负债、所有者权益、收入和费用，并在会计报表中予以反映。

4.列报的一致性

根据基本准则的规定，会计报表项目的列报应在各个会计期间保持一致，不得随意变更。这一要求不仅适用于会计报表项目的名称，还包括其分类、排列顺序等方面。然而，在以下情况下，企业可以变更会计报表项目的列报：①会计准则要求改变会计报表项目的列报；②企业的经营业务性质发生重大变化，或者发生对企业经营影响较大的交易或事项后，变更会计报表项目的列报能够提供更可靠、更相关的会计信息。

5.依据重要性原则单独或汇总列报项目

企业应当遵循如下规定：①对于性质或功能不同的项目，一般应在会计报表中单独列报，但对于不具有重要性的项目可以进行汇总列报。②对于性质或功能类似的项目，一般可以进行汇总列报，但对于具有重要性的类别应该进行单独列报。③项目单独列报的原则不仅适用于报表，还适用于附注。某些项目的重要性可能不足以在资产负债表、利润表、现金流量表或所有者权益变动表中单独列示，但在附注中具有重要性，因此应该在附注中单独披露。④会计报表列报准则规定的单独列报项目，企业应当单独列报。其他会计准则中规定需要单独列报的项目，企业应当根据这些准则增加相应的单独列报项目。

在判断项目是否需要单独列报时，重要性是一个重要标准。在合理预期下，如果省略或错误报告某个会计报表项目会对使用者的经济决策产生影响，则该项目具有重要性。

小提示1-1

企业在进行重要性判断时，应综合考虑项目的性质和金额大小两个方面：

（1）对于项目的性质，需要考虑其是否属于企业的日常活动，以及是否对企业的财务状况、经营结果和现金流量等重要因素产生显著影响。

（2）对于金额大小的重要性判断，则可以通过比较项目金额与资产总额、负债总额、所有者权益总额、营业收入总额、营业成本总额、净利润、综合收益总额等相关指标的比重来确定。

6.会计报表项目金额间的相互抵销

会计报表项目应以总额列报，不能相互抵销。资产和负债、收入和费用以及直接计入当期利润的利得和损失项目的金额不能相互抵销，即不能以净额列报。基本准则规定了三种情况下不属于抵销：①一组类似交易形成的利得和损失以净额列示，但如果相关的利得和损失具有重要性，则应当单独列报。②资产或负债项目按扣除备抵项目后的净额列示。③非日常活动产生的利得和损失以同一交易形成的收益扣减相关费用后的净额列示。

7.比较信息的列报

企业在列报当期会计报表时，至少需要提供与上一个可比会计期间的比较数据，以及相关说明，以增加财务信息在会计期间的可比性。这一要求适用于会计报表的所有组成部分，包括四张报表和附注。通常情况下，企业需要列报上一个可比会计期间的比较数据，至少包括两个会计期间的各个报表以及相关附注。当企业追溯应用会计政策、追溯重述或重新分类会计报表项目时，根据《企业会计准则第28号——会计政策、会计估计变更和差错更正》等的规定，企业需要在一套完整的会计报表中列报最早可比期间期初的会计报表。这意味着至少需要列报三期资产负债表，包括当期期末的资产负债表、上一个会计期间期末（即当期期初）的资产负债表，以及上一个会计期间期初的资产负债表。同时，还需要列报两个会计期间的其他报表（如利润表、现金流量表和所有者权益变动表）以及相关附注。

在会计报表项目的列报确需发生变更的情况下，应至少对可比期间的数据进行调整，以符合当期的列报要求，并在附注中披露调整的原因、性质以及涉及的各项目金额。在某些情况下，对可比期间的比较数据进行调整可能是不切实可行的。例如，企业可能在以前期间没有按照可以进行重新分类的方式收集数据，或者重新生成这些信息是不切实可行的。在这种情况下，企业应当在附注中披露无法进行调整的原因，以及假设金额重新分类可能进行的调整的性质。关于企业变更会计政策或更正差错时对比较信息的调整，具体要求参见《企业会计准则第28号——会计政策、会计估计变更和差错更正》的规定。

8.会计报表表首的列报要求

在会计报表的显著位置（通常是表首部分），企业至少应披露以下基本信息：①编报企业的名称。如企业名称在所属当期发生了变更的，还应明确标明。②对资产负债表而言，应当披露资产负债表日。对利润表、现金流量表、所有者权益变动表而言，应当披露报表涵盖的会计期间。③货币名称和单位。按照我国企业会计准则的规定，企业应当以人民币作为记账本位币列报，并标明金额单位，如人民币元、人民币万元等。④会计报表是合并会计报表的，应当予以标明。

9.报告期间

企业至少应当按年编制会计报表。根据《中华人民共和国会计法》的规定，会计年度自公历1月1日起至12月31日止。然而，在某些情况下，企业可能存在编制年度会计报表的期间短于1年的情况，例如企业在年度中间（如3月1日）开始设立。在这种情况下，企业有责任披露年度会计报表的实际涵盖期间以及导致期间短于1年的原因。同时，企业还应明确说明由此引起的会计报表项目与比较数据不具备可比性的事实。

1.2 会计报表编制要求

1.2.1 确认本期的收入和费用

根据《企业会计准则第14号——收入》，需要进行检查以确保没有提前确认或延后确认收入的情况。特别需要重点检查预收账款销售方式、分期收款销售方式等特殊的销售行为，以确保仅确认本期实现的收入，保证收入的真实性。同时，企业应准确确认本会计期间应承担的成本费用，并及时摊销待摊费用，应预提的借款利息及时计入当期费用，以确保本期的会计事项不会延至将来的各期。

1.2.2 核实资产

核实资产是企业编制报表前一项重要的基础工作，主要包括：

（1）清点现金和应收票据。

（2）核对银行存款，编制银行存款余额调节表。

（3）与购货人核对应收账款。

（4）与供货人核对预付账款。

（5）与其他债务人核对其他应收款。

（6）清查各项存货。

（7）检查各项投资的回收及利润分配情况。

（8）清查各项固定资产及在建工程。

（9）企业应及时处理各项财产的盘盈、盘亏及毁损情况，并按照规定报批处理，及时调整账面记录，转销"待处理财产损溢"科目的余额。

1.2.3 清理核对往来账目

企业在结账之前，需要对与其他单位的往来款项进行清理核对，一旦发现问题，需要及时进行纠正处理。核对往来款项可以采用发函证的方式，对于核对不符的款项，要及时上报并处理。对于长期未收回、无法收回的应收账款，如果符合坏账损失核销条件，要及时报批进行处理。

1.2.4 进行内部调账

内部调账（转账）主要有以下几点：

（1）计提坏账准备。按照规定比例计算本期坏账准备，并及时调整入账。

（2）摊销待摊费用，凡本期负担的待摊费用应在本期摊销。

（3）计提固定资产折旧。

（4）摊销各种无形资产和递延资产。

（5）实行绩效挂钩的企业，按照规定计提"应付职工薪酬"。

（6）转销经批准的"待处理财产损溢"，财务部门对此应及时提出处理意见，上报有关领导审批，不得长期挂账。

1.2.5 结转并分配企业损益

企业在编制年度会计报表前，必须将所有损益类科目转入本年利润，并将本年利润的余额转入利润分配项目。同时，将企业利润分配明细账户中本期分配利润数转入"利润分配——未分配利润"明细账户。在年终结账之前，所有的损益类账户应该没有余额，本年利润科目也不应有余额，除了"利润分配——未分配利润"账户之外，其他利润分配明细账户都不应有余额。

本章小结

会计报表主要用于反映企业在某一特定日期的财务状况以及在某一会计期间的经营成果和现金流量等情况。会计报表的使用者包括投资者、债权人、企业内部人员、政府监管机构等企业各方相关利益者。企业会计报表的作用是多方面的，它有助于投资者和债权人做出合理的决策，能够反映企业管理者的经营绩效和履责情况，可以帮助企业评估和预测未来的现金流动性，还有助于政府制定经济政策、加强宏观调控，促进社会资源的最佳配置。不同的会计报表使用者在分析会计报表时，关注的目的和重点也不同。本章主要介绍会计报表编制前应了解的一些基础知识，以帮助读者打下坚实的基础。

思考题（思政×业务）

1. 在准备会计报表的过程中，如何确保会计信息的真实性、准确性和完整性，以符合党的二十大报告中对于坚持"实事求是"和"科学决策"的要求？

2. 习近平新时代中国特色社会主义思想强调创新、协调、绿色、开放、共享，那么在会计报表编制中，如何体现这些要求？请举例说明。

第 2 章

资 产 负 债 表 填 制 与 分 析

内容导读

　　资产负债表是企业对外报送的主要会计报表之一，是反映企业在某一特定日期的财务状况的会计报表。它反映了企业在该日期所拥有或控制的经济资源、承担的现时义务以及所有者对净资产的要求权。通过资产负债表，使用者可以了解企业在特定日期的资产总额及其组成结构。

　　企业在编制资产负债表时，应确保财务信息的准确性、可靠性和透明度，为企业的管理决策和社会的监督提供支持。

2.1　资产负债表的内容与结构

2.1.1　资产负债表的主要内容

　1.资产

　　资产是指企业过去的交易或事项形成的、由企业拥有或控制的、预期会给企业带来经济利益的资源。

　　（1）流动资产

　　流动资产是指预计可以在一个正常营业周期内变现、出售或耗用的资产，或者主要为了交易目的而持有的资产，或者预计在资产负债表日起一年内（含一年）变现的资产。同时，流动资产还包括自资产负债表日起一年内能够用于交换其他资产或清偿负债能力不受限制的现金或现金等价物。包括货币资金、交易性金融资产、应收票据、应收账款、预付款项、其他应收款、存货、合同资产、持有待售资产以及一年内到期的非流动资产等。

　　（2）非流动资产

　　非流动资产是指流动资产以外的资产，即不能在一年或超过一年的营业周期内变现或耗用的资产。这些资产包括债权投资、其他债权投资、长期应收款、长期股权投资、其他权益工具投资、投资性房地产、固定资产、在建工程、无形资产、长期待摊费用以及递延所得税资产等。

2.负债

负债是指企业过去的交易或事项形成的、预计会导致经济利益流出企业的现时义务。

（1）流动负债（短期负债）

流动负债指的是预计在一个正常营业周期内需要偿还，或者主要为了交易目的而持有，或者自资产负债表日起一年内（含一年）到期应予以清偿的负债。流动负债具体包括短期借款、交易性金融负债、应付票据、应付账款、预收款项、合同负债、应付职工薪酬、应交税费、其他应付款以及一年内到期的非流动负债等。

（2）非流动负债（长期负债）

非流动负债是指流动负债以外的负债，也可以理解为偿还期在一年以上或超过一年的正常营业周期的各种负债。非流动负债具体包括长期借款、应付债券、长期应付款、预计负债、递延收益和递延所得税负债等。

3.所有者权益

所有者权益是指企业资产扣除负债后由所有者享有的剩余权益，也可以称为股东权益。它与负债一起被统称为"权益"，而负债则代表了债权人的权益。

所有者权益的确认和计量主要取决于资产、负债、收入和费用等其他会计要素的确认和计量，在数量上，所有者权益等于企业资产总额扣除负债总额后的净额，因此也被称为净资产。

资产-负债=所有者权益

从资产负债表的内容来看，企业的所有者权益包括所有者投入的资本、直接计入所有者权益的利得和损失、留存收益等，分别对应资产负债表中的项目为实收资本（或股本）、资本公积（包括资本溢价或股本溢价、其他资本公积）、盈余公积和未分配利润等。

2.1.2 资产负债表的结构

资产负债表由表头、基本内容和补充资料三大部分组成。表头包括报表的名称、企业的名称、报表所反映的日期（不是填列日期）以及报表的计量单位。资产负债表用于反映企业在特定日期（时点）的财务状况，因此应在报表上注明具体的编报日期，即资产负债表的日期。资产负债表的表身是该表的主体部分，具体反映了资产负债表要素各项目的内容。目前常见的资产负债表格式有两种：账户式和报告式。

1.账户式资产负债表

账户式资产负债表又被称为横式资产负债表，它是根据会计平衡式"资产=

负债+所有者权益"编制的，使用账户形式（左右对照式）来呈现。资产负债表中，资产和负债按照其流动性的强弱进行排序，流动性较强的项目排在前面，流动性较弱的项目排在后面。负债偿还期限较短的项目排在前面，偿还期限较长的项目排在后面。所有者权益按照其形成来源的分类，并根据其在企业中的永久性程度进行排序。根据《财政部关于修订印发 2019 年度一般企业财务报表格式的通知》，已执行新金融准则、新收入准则和新租赁准则的资产负债表格式见表 2-1。

表 2-1　　　　　　　　　　　资产负债表　　　　　　　　　　　会企 01 表

编制单位：　　　　　　　　　____年__月__日　　　　　　　　　单位：元

资产	期末余额	上年年末余额	负债和所有者权益（或股东权益）	期末余额	上年年末余额
流动资产：			流动负债：		
货币资金			短期借款		
交易性金融资产			交易性金融负债		
衍生金融资产			衍生金融负债		
应收票据			应付票据		
应收账款			应付账款		
应收款项融资			预收款项		
预付款项			合同负债		
其他应收款			应付职工薪酬		
存货			应交税费		
合同资产			其他应付款		
持有待售资产			持有待售负债		
一年内到期的非流动资产			一年内到期的非流动负债		
其他流动资产			其他流动负债		
流动资产合计			流动负债合计		
非流动资产：			非流动负债：		
债权投资			长期借款		
其他债权投资			应付债券		
长期应收款			其中：优先股		
长期股权投资			永续债		

资产	期末余额	上年年末余额	负债和所有者权益（或股东权益）	期末余额	上年年末余额
其他权益工具投资			租赁负债		
其他非流动金融资产			长期应付款		
投资性房地产			预计负债		
固定资产			递延收益		
在建工程			递延所得税负债		
生产性生物资产			其他非流动负债		
油气资产			非流动负债合计		
使用权资产			负债合计		
无形资产			所有者权益（或股东权益）：		
开发支出			实收资本（或股本）		
商誉			其他权益工具		
长期待摊费用			其中：优先股		
递延所得税资产			永续债		
其他非流动资产			资本公积		
非流动资产合计			减：库存股		
			其他综合收益		
			专项储备		
			盈余公积		
			未分配利润		
			所有者权益（或股东权益）合计		
资产总计			负债和所有者权益（或股东权益）总计		

单位负责人：　　　　　　　财务主管：　　　　　　　制表人：

2.报告式资产负债表

报告式资产负债表又被称为垂直式资产负债表，它的资产、负债和所有者权益项目按照从上到下的顺序排列。所有资产类项目按一定顺序列示在报表最上方，其次是负债项目，最下方是所有者权益项目。由于报告式资产负债表在实际中并不常见，因此没有严格的、统一的格式。

2.2　资产负债表的编制与填列

2.2.1　资产负债表的编制

1."上年年末余额"的编制方法

在资产负债表中,"上年年末余额"栏目中的各项目数字应根据上年年末资产负债表的"期末余额"栏目中所列数字进行填写。如果本年度资产负债表中规定的各项目名称与上年度不一致,需要根据本年度的规定对上年年末资产负债表中各项目的名称和数字进行调整,并将调整后的数字填写到本年度资产负债表的"上年年末余额"栏目中。

2."期末余额"的编制方法

"期末余额"可分月末、季末和年末数字来编制,期末资产负债表数据资料来源包括以下几个方面:

(1)直接根据总账余额填列;

(2)根据几个总账账户余额计算填列;

(3)根据有关明细账户余额计算填列;

(4)根据总账账户和明细账户余额分析计算填列;

(5)根据有关资产账户与其备抵账户抵销后的净额填列。

2.2.2　资产负债表的填列

1.资产项目的填列方法

(1)流动资产填列方法

①货币资金。根据"库存现金""银行存款""其他货币资金"科目的期末余额合计数填列。其计算公式如下:

货币资金=库存现金+银行存款+其他货币资金

②交易性金融资产。根据"交易性金融资产"科目的相关明细科目的期末余额分析填列。

③应收票据。根据"应收票据"科目的期末余额,减去"坏账准备"科目中相关坏账准备期末余额后的金额分析填列。

④应收账款。根据"应收账款"科目的期末余额,减去"坏账准备"科目中相关坏账准备期末余额后的金额分析填列。

⑤应收款项融资。反映资产负债表日以公允价值计量且其变动计入其他综合收益的应收票据和应收账款融资等。

⑥其他应收款。根据"应收利息"、"应收股利"和"其他应收款"科目的期末余额合计数,减去"坏账准备"科目中相关坏账准备期末余额后的金额

填列。

⑦存货。根据"材料采购"、"原材料"、"材料成本差异"、"生产成本"、"库存商品"、"周转材料"、"发出商品"、"委托加工物资"、"商品进销差价"以及不超过一年的"合同履约成本"等科目的期末余额合计数，减去"存货跌价准备"科目期末余额后的金额填列。

⑧合同资产。根据相关明细科目期末余额分析填列，同一合同下的合同资产和合同负债应以净额列示，其中净额为借方余额的，应根据其流动性在"合同资产"或"其他非流动资产"项目中填列，已计提减值准备的，还需要减去"合同资产减值准备"科目中相关的期末余额后的金额填列。

⑨一年内到期的非流动资产。包括在一年内到期的债权投资、长期应收款等，根据上述账户分析计算填列。

⑩其他流动资产。一般企业"待处理流动资产净损益"科目未处理转账，列报时挂在"其他流动资产"项目中。此外，不超过一年的"合同取得成本、应收退货成本"科目，以及不超过一年的"合同履约成本"科目余额在"其他流动资产"中列示。

（2）非流动资产填列方法

①债权投资。根据"债权投资"科目的相关明细科目期末余额，减去"债权投资减值准备"科目中相关减值准备的期末余额后的金额分析填列。

②其他债权投资。根据"其他债权投资"科目的相关明细科目的期末余额分析填列。

③其他权益工具投资。根据"其他权益工具投资"科目的期末余额填列。

④固定资产。根据"固定资产"科目的期末余额，减去"累计折旧"和"固定资产减值准备"科目的期末余额后的金额，加上"固定资产清理"科目的借方余额，再减去"固定资产清理"科目的贷方余额填列。

⑤在建工程。根据"在建工程"科目的期末余额，减去"在建工程减值准备"科目的期末余额后的金额，加上"工程物资"科目的期末余额，减去"工程物资减值准备"科目的期末余额后的金额填列。

⑥使用权资产。根据"使用权资产"科目的期末余额，减去"使用权资产累计折旧"和"使用权资产减值准备"科目的期末余额后的金额填列。

⑦无形资产。根据"无形资产"科目的期末余额减去"累计摊销"和"无形资产减值准备"科目期末余额后的金额填列。

⑧长期待摊费用。长期待摊费用中在一年内（含一年）摊销的部分，应在资产负债表"一年内到期的非流动资产"项目中填列。根据"长期待摊费用"科目的期末余额减去将于一年内（含一年）摊销的数额后的金额填列。

⑨其他非流动资产。超过一年或一个正常营业周期的"合同资产""合同履约成本""应收退货成本"科目借方余额在"其他非流动资产"项目中

填列。

2.负债项目的填列方法

（1）流动负债填列方法

①短期借款。根据"短期借款"科目的期末余额填列。

②交易性金融负债。根据"交易性金融负债"科目的相关明细科目的期末余额填列。

③应付票据。根据"应付票据"科目的期末余额填列。

④应付账款。根据"应付账款"和"预付账款"科目所属的相关明细科目的期末贷方余额合计数填列。

⑤预收款项。根据"应收账款"和"预收账款"科目所属的相关明细科目的期末贷方余额合计数填列。

⑥应付职工薪酬。根据"应付职工薪酬"科目期末贷方余额填列。

⑦应交税费。"应交增值税""未交增值税""待抵扣进项税额""待认证进项税额""增值税留抵税额""预交增值税"等明细科目期末借方余额，短于一年或一个营业周期的，在"其他流动资产"填列，超过一年或一个营业周期的，在"其他非流动资产"填列。"应交税费——待转销项税额"等科目期末贷方余额，短于一年或一个营业周期的，在"其他流动负债"填列，超过一年或一个营业周期的，在"其他非流动负债"填列。"未交增值税""简易计税""转让金融商品应交增值税""代扣代抵增值税"等科目贷方余额，根据"应交税费"科目的期末贷方余额填列。

⑧ 其他应付款。根据"应付利息"、"应付股利"和"其他应付款"科目的期末余额合计数填列。其中，"应付利息"仅反映相关金融工具已到期应支付，但在资产负债表日尚未支付的利息。基于实际利率法计提的金融工具的利息应包含在相应金融工具的账面余额中。

⑨一年内到期的非流动负债。反映企业非流动负债中将于资产负债表日后一年内到期部分的金额，如将于一年内偿还的长期借款金额等。根据有关科目的期末余额填列。

⑩其他流动负债。反映企业不能归属于短期借款、交易性金融负债、衍生金融负债、应付票据、应付账款、预收款项、合同负债、应付职工薪酬、应交税费、其他应付款、持有待售负债、一年内到期的非流动负债等项目的流动负债。

（2）非流动负债填列方法

①长期借款。反映企业向银行或其他金融机构借入的期限在一年以上（不含一年）的各项借款。根据"长期借款"科目的期末余额填列。

②应付债券。根据"应付债券"科目的期末余额填列。

③租赁负债。根据"租赁负债"科目的期末余额填列。自资产负债表日起，

一年内到期应予以清偿的租赁负债的期末账面价值，在"一年内到期的非流动负债"项目反映。

④长期应付款。根据"长期应付款"科目的期末余额，减去相关的"未确认融资费用"科目的期末余额后的金额，加上"专项应付款"科目的期末余额填列。

⑤预计负债。根据"预计负债"科目的期末余额填列，对贷款承诺、财务担保合同等项目计提的损失准备，应当在"预计负债"项目中填列。

知识延伸2-1

⑥递延收益。"递延收益"项目中摊销期限仅剩一年或不足一年的，或预计在一年内（含一年）进行摊销的部分，不可归类为流动负债，仍在该项目中填列，不转入"一年内到期的非流动负债"项目。

⑦递延所得税负债。根据"递延所得税负债"科目的期末余额填列。

⑧其他非流动负债。根据有关科目期末余额减去将于一年内（含一年）到期偿还数后的余额填列。非流动负债各项目中将于一年内（含一年）到期的非流动负债，应在"一年内到期的非流动负债"项目中单独反映。

3.所有者权益项目的填列方法

（1）实收资本。根据"实收资本"（"股本"）科目的期末余额填列。

（2）其他权益工具。对于资产负债表日企业发行的金融工具，分类为金融负债的，应当在"应付债券"项目填列，对于优先股和永续债，还应当在"应付债券"项目下的"优先股"项目和"永续债"项目分别填列；分类为权益工具的应当在"其他权益工具"项目填列，对于优先股和永续债，还应当在"其他权益工具"项目下的"优先股"项目和"永续债"项目分别填列。

（3）资本公积。根据"资本公积"科目的期末余额填列。

（4）其他综合收益。采用总额列报方式填列。

（5）专项储备。根据"专项储备"科目的期末余额填列。

（6）盈余公积。根据"盈余公积"科目的期末余额填列。

（7）未分配利润。根据"本年利润"科目和"利润分配"科目的余额计算填列。

2.3　资产负债表分析

2.3.1　资产负债表水平结构分析

资产负债表水平结构分析是通过企业资产、负债和所有者权益的对比分析，来揭示企业某种趋势的方向、速度和范围。在进行资产负债表水平分析时，需要根据分析的目的选择合适的比较标准（基期）。如果目的是揭示资产负债表的实际变动情况和产生差异的原因，通常会选择资产负债表的上年实际数作为比较标准；如果目的是揭示资产负债表的预算或计划情况以及影响预算或计划执行情况的原因，则比较的标准应选择资产负债表的预算数或计划数。

1.资产负债表水平结构分析方法

为了满足企业对资产的资金融资需求，企业可以举债或吸收投资人投资。因此，企业资产同时受到债权人和投资人两种不同要求权的影响。资产、负债和所有者权益分别列示在资产负债表的左右两侧，反映了企业的基本财务状况。对于资产负债表增减变动情况的分析评价也应从资产和负债两个方面进行。

典型实例2-1　编制M股份有限公司资产负债表水平结构分析表

根据表2-2所给出的M股份有限公司2023年12月31日的资产负债表数据，编制出资产负债表水平结构分析表。

表2-2　　　　　　　资产负债表

编制单位：M股份有限公司　　　2023年12月31日　　　　　　单位：万元

资产	期末余额	上年年末余额	负债和股东权益	期末余额	上年年末余额
流动资产：			流动负债：		
货币资金	1 800.00	710.00	短期借款	1 450.00	1 000.00
交易性金融资产	140.00	280.00	交易性金融负债	0.00	0.00
应收票据	220.00	280.00	应付票据	140.00	105.00
应收账款	10 500.00	5 600.00	应付账款	2 800.00	2 940.00
预付款项	520.00	150.00	预收款项	230.00	190.00
应收利息	0.00	0.00	应付职工薪酬	70.00	35.00
应收股利	0.00	0.00	应交税费	140.00	110.00

资产	期末余额	上年年末余额	负债和股东权益	期末余额	上年年末余额
其他应收款	260.00	540.00	应付股利	0.00	0.00
存货	2 800.00	8 400.00	其他应付款	600.00	490.00
一年内到期的非流动资产	0.00	0.00	一年内到期的非流动负债	0.00	0.00
其他流动资产	0.00	0.00	其他流动负债	0.00	0.00
流动资产合计	16 240.00	15 960.00	流动负债合计	5 430.00	4 870.00
非流动资产：			非流动负债：		
其他权益工具投资	0.00	0.00	长期借款	14 000.00	8 400.00
债权投资	0.00	0.00	应付债券	0.00	0.00
长期应收款	0.00	0.00	长期应付款	1 370.00	1 660.00
长期股权投资	600.00	0.00	专项应付款	0.00	0.00
投资性房地产	0.00	0.00	预计负债	0.00	0.00
固定资产	35 000.00	28 000.00	递延所得税负债	0.00	0.00
在建工程	660.00	1 100.00	其他非流动负债	0.00	0.00
工程物资	0.00	0.00	非流动负债合计	15 370.00	10 060.00
固定资产清理	0.00	0.00	负债合计	20 800.00	14 930.00
无形资产	210.00	230.00	股东权益：		
开发支出	0.00	0.00	股本	14 000.00	14 000.00
商誉	0.00	0.00	资本公积	4 200.00	2 800.00
长期待摊费用	0.00	0.00	减：库存股		
递延所得税资产	0.00	0.00	盈余公积	7 700.00	5 600.00
其他非流动资产	0.00	0.00	未分配利润	6 010.00	7 960.00
非流动资产合计	36 470.00	29 330.00	股东权益合计	31 910.00	30 360.00
资产总计	52 710.00	45 290.00	负债和股东权益总计	52 710.00	45 290.00

分析要点：

企业资产负债表水平结构分析表见表2-3。

表2-3　　　　　　　　　　　资产负债表水平结构分析表　　　　　　　金额单位：万元

资产	2023年	2022年	变动情况		对总资产（或权益总额）的影响
			变动额	变动率	
流动资产：					
货币资金	1 800.00	710.00	1 090.00	153.52%	2.41%
交易性金融资产	140.00	280.00	−140.00	−50.00%	−0.31%
应收票据	220.00	280.00	−60.00	−21.43%	−0.13%
应收账款	10 500.00	5 600.00	4 900.00	87.50%	10.82%
预付款项	520.00	150.00	370.00	246.67%	0.82%
应收利息	0.00	0.00	0.00		
应收股利	0.00	0.00	0.00		
其他应收款	260.00	540.00	−280.00	−51.85%	−0.62%
存货	2 800.00	8 400.00	−5 600.00	−66.67%	−12.36%
一年内到期的非流动资产	0.00	0.00	0.00		
其他流动资产	0.00	0.00	0.00		
流动资产合计	16 240.00	15 960.00	280.00	1.75%	0.62%
非流动资产：					
其他权益工具投资	0.00	0.00	0.00		
债券投资	0.00	0.00	0.00		
长期应收款	0.00	0.00	0.00		
长期股权投资	600.00	0.00	600.00	600.00%	1.32%
投资性房地产	0.00	0.00	0.00		
固定资产	35 000.00	28 000.00	7 000.00	25.00%	15.46%
在建工程	660.00	1 100.00	−440.00	−40%	−0.97%
工程物资	0.00	0.00	0.00		
固定资产清理	0.00	0.00	0.00		

资产	2023 年	2022 年	变动情况		对总资产（或权益总额）的影响
			变动额	变动率	
无形资产	210.00	230.00	−20.00	−8.70%	−0.04%
开发支出	0.00	0.00	0.00		
商誉	0.00	0.00	0.00		
长期待摊费用	0.00	0.00	0.00		0.00%
递延所得税资产	0.00	0.00	0.00		0.00%
其他非流动资产	0.00	0.00	0.00		
非流动资产合计	36 470.00	29 330.00	7 140.00	24.34%	15.77%
资产总计	52 710.00	45 290.00	7 420.00	16.38%	16.38%
负债和股东权益					
流动负债：					
短期借款	1 450.00	1 000.00	450.00	45%	0.99%
交易性金融负债	0.00	0.00	0.00		
应付票据	140.00	105.00	35.00	33.33%	0.08%
应付账款	2 800.00	2 940.00	−140.00	−4.76%	−0.31%
预收款项	230.00	190.00	40.00	21.05%	0.09%
应付职工薪酬	70.00	35.00	35.00	100.00%	0.08%
应交税费	140.00	110.00	30.00	27.27%	0.07%
应付股利	0.00	0.00	0.00		
其他应付款	600.00	490.00	110.00	22.45%	0.24%
一年内到期的非流动负债	0.00	0.00	0.00		
其他流动负债	0.00	0.00	0.00		
流动负债合计	5 430.00	4 870.00	560.00	11.50%	1.24%
非流动负债：					
长期借款	14 000.00	8 400.00	5 600.00	66.67%	12.36%
应付债券	0.00	0.00	0.00		

资产	2023年	2022年	变动情况		对总资产（或权益总额）的影响
			变动额	变动率	
长期应付款	1 370.00	1 660.00	−290.00	−17.50%	−0.64%
专项应付款	0.00	0.00	0.00		
预计负债	0.00	0.00	0.00		
递延所得税负债	0.00	0.00	0.00		
其他非流动负债	0.00	0.00	0.00		
非流动负债合计	15 370.00	10 060.00	5 310.00	52.78%	11.72%
负债合计	20 800.00	14 930.00	5 870.00	39.32%	12.96%
股东权益：					
股本	14 000.00	14 000.00	0.00	0.00%	0.00%
资本公积	4 200.00	2 800.00	1 400.00	50.00%	3.09%
减：库存股					
盈余公积	7 700.00	5 600.00	2 100.00	37.50%	4.64%
未分配利润	6 010.00	7 960.00	−1 950.00	−24.50%	−4.31%
股东权益合计	31 910.00	30 360.00	1 550.00	5.11%	3.42%
负债和股东权益总计	52 710.00	45 290.00	7 420.00	16.38%	16.38%

2.资产负债表水平变动情况的评价分析

（1）从投资或资产角度进行分析评价

①分析总资产规模的变动状况以及各类、各项资产的变动状况。这些数据可以揭示出资产变动的主要方面，从而从总体上了解企业经过一定时期经营后资产的变动状况。

②发现变动幅度较大或对总资产变动影响较大的重点类别和重点项目。如果某个项目本身变动幅度较大，但在总资产中所占比重较小，那么该项目的变动对总资产的影响就不会很大。相反，即使某个项目本身变动幅度较小，但如果其比重较大，那么其对总资产变动的影响程度也会很大。

③需要注意资产规模变动与所有者权益总额变动的适应程度，并以此评价企业财务结构的稳定性和安全性。如果资产总额的增长幅度大于所有者权益总额的增长幅度，表明企业的债务负担加重。尽管这可能是由于企业的筹资政策变动所导致的，但也可能会导致偿债保证程度下降，偿债压力增加。

| 典型实例2-2 | 分析评价M股份有限公司总资产变动情况 |

根据表2-3，对M股份有限公司总资产变动情况做出分析评价。

分析要点：

M股份有限公司总资产2023年增加7 420万元，增长幅度为16.38%，说明M股份有限公司2023年资产规模有所增长。通过进一步分析可以发现：

（1）流动资产增长280万元，增长幅度为1.75%，使总资产规模增长了0.62%。从这一变化来看，该公司资产的流动性增强程度不大。然而，企业的货币资金在2023年增加了1 090万元，增长幅度为153.52%。这将大大提升企业的偿债能力，同时更好地满足了企业对资金流动性的需求。当然，对于货币资金的这种变化，我们还需要结合该公司现金需求量来进行分析，评估其是否合适。

（2）应收票据减少了60万元，下降幅度达21.43%，说明应收票据的质量基本可靠，企业对应收票据的管理是有效的。应收账款增加4 900万元，增长幅度达87.5%。对此，我们应该结合该公司销售规模的变动、信用政策和收账政策进行评价。

（3）其他应收款减少了280万元，减少幅度高达51.85%，这说明该公司内部控制制度的执行基本有效，不必要的资金占用大幅减少。预付款项增加了370万元，增长幅度为246.67%。这说明除了因商业信用预付部分款项外，企业还可能向其他相关单位提供贷款，甚至非法转移资金或抽逃资本。我们应进一步查看明细账目，找出增加的具体原因。

（4）2023年存货减少5 600万元，减少幅度为66.67%。这可能会导致企业的生产能力下降，存在一定的生产风险。然而，这部分变动还需要结合固定资产原值的变动情况和销售的具体情况进行进一步分析。可以认为这种变动可能会影响企业的生产能力和销售规模。

（5）长期股权投资增加了600万元，说明该公司有明显的对外扩张意图。

（6）固定资产增加了7 000万元，增长幅度为25%，使总资产规模增长了15.46%，是非流动资产中对总资产变动影响最大的项目之一。这说明该公司的未来生产能力会有显著提高。

（7）在建工程减少了440万元，减少幅度为40%，使总资产规模下降了0.97%。在建工程项目的变动虽然对本年度的经营成果没有太大的影响，但随着在建工程陆续完工，将有助于该公司生产能力的扩张。

（8）无形资产减少20万元，降低幅度为8.7%，说明该公司无形资产减少幅度不大，对企业来说，如果无形资产迅速减少，会削弱企业的核心竞争力。

（2）从筹资或权益角度进行分析评价

①分析权益总额的变动情况以及各类和各项筹资的变动情况，以揭示权益总额变动的主要方面，并从整体上了解企业在一定时期经营后权益总额的变动情况。

②发现变动幅度较大或对权益总额变动影响较大的重点类别和重点项目，以便进一步确定分析的重点方向。

小提示2-1

权益各项目的变动可能是由企业经营活动、企业会计政策变更或会计灵活性造成的。因此，只有通过对权益各项目变动情况的分析，才能揭示权益总额变动的真正原因。

典型实例2-3　　　　　　**分析评价M公司权益总额变动情况**

根据表2-3，对M股份有限公司权益总额变动情况做出分析评价。

分析要点：

M股份有限公司的权益总额较2022年同期增加了7 420万元，增长幅度为16.38%，表明该公司本年度的权益总额有一定程度的增长。进一步分析可以得出以下结论：

（1）2023年度负债增加了5 870万元，增长幅度为39.32%，使权益总额增加了12.96%。其中，流动负债增长幅度为11.50%。应付账款的减少有利于减轻企业的偿债压力。应付票据和应交税费的增加可能说明该公司的信用状况不一定值得信赖，当然这还需要结合企业的具体情况进行分析。

（2）2023年度股东权益增加了1 550万元，增长幅度为5.11%，对权益总额的影响为3.42%。这主要是由于盈余公积和资本公积大幅增长所引起的。然而，2023年未分配利润下降了1 950万元，说明企业的盈利有所下降。

2.3.2　资产负债表垂直结构分析

资产负债表垂直结构分析的主要目的有三个：第一，通过分析资产负债表的垂直结构，企业可以了解所处行业的经营特点和技术特点，从而准确定位自身在行业中的地位。第二，根据垂直结构分析的数据，企业可以调整资金的配比，以达到最佳的资金利用效果。第三，企业可以选择调整流动资产、非流动负债等项目的比重，以反映企业的经营特点。

1.资产负债表垂直结构分析方法

资产负债表垂直结构分析方法可以反映资产负债表各项目之间的关系以及各项目所占的比重。资产负债表的垂直结构分析可以从静态和动态两个角度进行。从静态角度分析，就是以本期资产负债表为分析对象，评价其实际构成情况。从动态角度分析，就是将资产负债表的本期实际构成与选定的标准进行对比分析。对比的标准可以是上期实际数、预算数、同行业平均数或可比企业的实际数，选择标准应根据分析目的而定。

典型实例2-4　　　　　　　　编制M公司的资产负债表垂直分析表

根据表2-2提供的资料，编制M股份有限公司的资产负债表垂直分析表。

分析要点：

M股份有限公司的资产负债表垂直分析表见表2-4。

表2-4　　　　　　　　　　　　资产负债表垂直分析表　　　　　　　　　金额单位：万元

资产		金额		结构比重		
		2023年	2022年	2023年	2022年	变动情况
流动资产	货币资金	1 800.00	710.00	3.41%	1.57%	1.84%
	交易性金融资产	140.00	280.00	0.27%	0.62%	−0.35%
	应收票据	220.00	280.00	0.42%	0.62%	−0.20%
	应收账款	10 500.00	5 600.00	19.92%	12.36%	7.56%
	预付款项	520.00	150.00	0.99%	0.33%	0.66%
	应收利息	0.00	0.00			
	应收股利	0.00	0.00			
	其他应收款	260.00	540.00	0.49%	1.19%	−0.70%
	存货	2 800.00	8 400.00	5.31%	18.55%	−13.24%
	一年内到期的非流动资产	0.00	0.00			
	其他流动资产	0.00	0.00			
	流动资产合计	16 240.00	15 960.00	30.81%	35.24%	−4.43%
非流动资产	其他权益工具投资	0.00	0.00			
	债权投资	0.00	0.00			
	长期应收款	0.00	0.00			
	长期股权投资	600.00	0.00	1.14%	0.00%	1.14%
	投资性房地产	0.00	0.00			
	固定资产	35 000.00	28 000.00	66.40%	61.82%	4.58%
	在建工程	660.00	1 100.00	1.25%	2.43%	−1.18%
	工程物资	0.00	0.00			
	固定资产清理	0.00	0.00			
	无形资产	210.00	230.00	0.40%	0.51%	−0.11%
	开发支出	0.00	0.00			

资产		金额		结构比重		
		2023年	2022年	2023年	2022年	变动情况
非流动资产	商誉	0.00	0.00			
	长期待摊费用	0.00	0.00			
	递延所得税资产	0.00	0.00			
	其他非流动资产	0.00	0.00			
	非流动资产合计	36 470.00	29 330.00	69.19%	64.76%	4.43%
资产总计		52 710.00	45 290.00	100.00%	100.00%	0.00%
流动负债	短期借款	1 450.00	1 000.00	2.75%	2.21%	0.54%
	交易性金融负债	0.00	0.00			
	应付票据	140.00	105.00	0.27%	0.23%	0.03%
	应付账款	2 800.00	2 940.00	5.31%	6.49%	−1.18%
	预收款项	230.00	190.00	0.44%	0.42%	0.02%
	应付职工薪酬	70.00	35.00	0.13%	0.08%	0.06%
	应交税费	140.00	110.00	0.27%	0.24%	0.03%
	应付股利	0.00	0.00			
	其他应付款	600.00	490.00	1.14%	1.08%	0.06%
	一年内到期的非流动负债	0.00	0.00			
	流动负债合计	5 430.00	4 870.00	10.30%	10.75%	−0.45%
非流动负债	长期借款	14 000.00	8 400.00	26.56%	18.55%	8.01%
	应付债券	0.00	0.00			
	长期应付款	1 370.00	1 660.00	2.60%	3.67%	−1.07%
	专项应付款	0.00	0.00			
	预计负债	0.00	0.00			
	递延所得税负债	0.00	0.00			
	其他非流动负债	0.00	0.00			
	非流动负债合计	15 370.00	10 060.00	29.16%	22.21%	6.95%
负债合计		20 800.00	14 930.00	39.46%	32.97%	6.49%

资产		金额		结构比重		
		2023年	2022年	2023年	2022年	变动情况
股东权益	股本	14 000.00	14 000.00	26.56%	30.91%	-4.35%
	资本公积	4 200.00	2 800.00	7.97%	6.18%	1.79%
	减：库存股					
	盈余公积	7 700.00	5 600.00	14.61%	12.36%	2.24%
	未分配利润	6 010.00	7 960.00	11.40%	17.58%	-6.18%
	股东权益合计	31 910.00	30 360.00	60.54%	67.03%	-6.49%
负债和股东权益总计		52 710.00	45 290.00	100.00%	100.00%	0.00%

2.资产负债表垂直变动情况的评价分析

（1）资产结构的分析评价

从静态角度观察企业资产的配置情况，需特别关注流动资产和非流动资产的比重。可以通过与行业平均水平或对标企业的资产结构进行比较，对企业资产的流动性和资产风险进行评估，进而评价企业资产结构的合理性。如果企业的流动资产比重较高，说明资产具有较强的流动性和变现能力，企业的抗风险能力和应变能力较强。然而，如果没有足够数量的固定资产作为后盾，企业的经营稳定性可能较差。如果非流动资产比重过高，意味着企业长期资金周转缓慢，变现能力较弱，会增加企业的经营风险。一般而言，当流动资产占总资产的比重为60%，固定资产占总资产的比重为40%时，企业的资产结构较为理想。

（2）资本结构的分析评价

企业资本结构分析评价的思路是从静态角度观察资本的构成，衡量企业的财务实力，并评价其财务风险。同时，结合企业的盈利能力和经营风险，评价其资本结构的合理性。

2.3.3 资产负债表总体结构分析

进行资产负债表结构分析，首先要掌握企业的市场风险情况，再从总体到一般进行分析，具体顺序如图2-1所示。

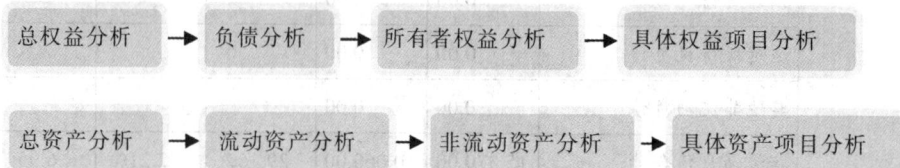

总权益分析 → 负债分析 → 所有者权益分析 → 具体权益项目分析

总资产分析 → 流动资产分析 → 非流动资产分析 → 具体资产项目分析

图2-1 资产负债表结构分析顺序

在这个分析过程中，应关注哪些项目变动幅度较大，重点关注这些变化较大的项目，需要了解和分析这些项目所反映的企业经营管理状况是否合理，并评估其对企业财务的影响。具体的结构分析包括三个方面，如图2-2所示。

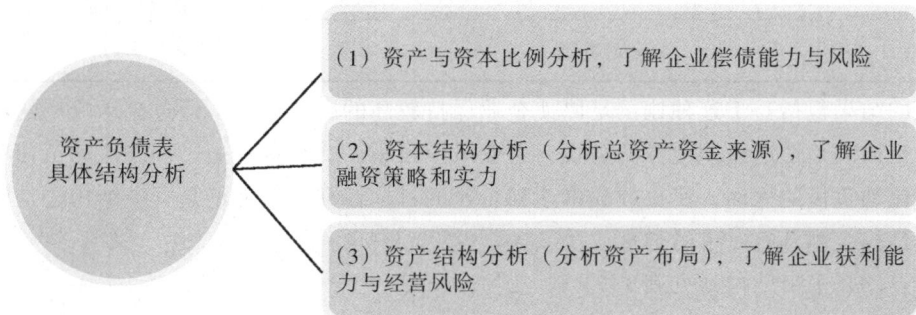

资产负债表
具体结构分析

(1) 资产与资本比例分析，了解企业偿债能力与风险

(2) 资本结构分析（分析总资产资金来源），了解企业融资策略和实力

(3) 资产结构分析（分析资产布局），了解企业获利能力与经营风险

图2-2　企业资产负债表具体结构分析

1.总资产结构分析

总资产增加往往表明企业正经历成长和扩张阶段。扩张的目的主要是增加市场份额并提高企业的竞争力。

2.资产与资本结构比例分析

资产结构与资本结构比例分析主要从资金和资产构成的角度来观察，企业资金来源中的所有者权益部分通常属于永久性资金来源，而企业资金来源中的负债部分可以分为流动负债和非流动负债。一般情况下，企业筹集资金的用途决定了筹集资金的类型。如果企业增加永久性流动资产或非流动资产，应通过长期资金来源（包括所有者权益和非流动负债）来解决。而企业因季节性或临时性原因导致的流动资产波动部分应由短期资金来源来解决。正常经营企业资产与资本结构可以分为保守结构、稳健结构、平衡结构和风险结构四种类型。

（1）保守结构（见表2-5）

表2-5　　　　　　　　　　　保守结构资产负债表

流动资产	临时性占用部分	非流动负债
	永久性占用部分	
非流动资产		所有者权益

从表2-5可以看出，保守结构的主要特征是企业所有资产的资金来源完全依赖长期资金。这种结构的结果包括：①企业风险极低；②较高的资金成本；③筹资结构的弹性较弱。

（2）稳健结构（见表2-6）

从表2-6可以看出，稳健结构的主要特征是企业流动资产的一部分资金需求通过流动负债来满足，另一部分资金需求则由长期负债来满足。这种结构形式带

表2-6 稳健结构资产负债表

流动资产	临时性占用部分	流动负债
	永久性占用部分	非流动负债
非流动资产		所有者权益

来的结果包括：①这种比例足以使企业保持较高的财务信誉，通过流动资产的变现足以满足偿还短期债务的需要，企业风险较小。②企业可通过调整流动负债和非流动负债的比例，使负债成本达到企业的目标标准。③无论是资产结构还是资本结构，都具有一定的弹性。

（3）平衡结构（见表2-7）

表2-7 平衡结构资产负债表

| 流动资产 | 流动负债 |
| 非流动资产 | 非流动负债+所有者权益 |

这种结构形式的主要特征是流动资产的资金需求全部依赖于流动负债来解决。由此产生的结果包括：①在资产风险与筹资风险相互抵消后，企业的风险达到平衡状态。②负债政策需要根据资产结构的变化进行调整。③这种形式存在潜在的风险，以资金变现时间和数量与偿债时间和数量相一致为前提，一旦两者在时间和数量上存在差异，都可能导致企业资金周转困难，并有可能陷入财务危机。这种结构形式只适用于经营状况良好、具有良好成长性的企业。需要特别注意平衡结构形式的非稳定性特点。

（4）风险结构（见表2-8）

表2-8 风险结构资产负债表

| 流动资产 | 流动负债 |
| 非流动资产 | 非流动负债+所有者权益 |

这种结构形式的主要特征是使用短期资金来满足部分非流动资产的资金需求。由此产生的结果包括：①财务风险较高，高资产风险与高筹资风险不匹配。流动负债和非流动资产在流动性上并不对称。如果通过变现非流动资产来偿还短期内到期的债务，必然会给企业带来沉重的偿债负担，从而要求企业极大地提高资产的流动性。②相对于其他结构形式，这种形式的负债成本最低。③企业存在"黑字破产"的潜在危险。这种结构形式只适用于企业处于发展壮大阶段，并且只能在短期内采用。

2.3.4　资产负债表主要项目分析

1.流动资产项目分析

（1）货币资金

货币资金项目分析的重点在于确定合理的货币资金规模。一般而言，决定企业货币资金规模的因素包括以下几个：

①企业的资产规模和业务规模：企业资产总额越大，相应的货币资金规模越大，业务越频繁，货币资产也会越多。

②企业筹集资金能力：企业信誉好，能够顺利获得银行贷款或发行股票、债券，可以适当减少持有的货币资金数量。

③企业对货币资金的运用能力：企业对货币资金的运用能力越强，资金在企业内部周转速度越快，就没有必要保留过多的货币资金。

④企业财务战略：企业根据具体的发展战略进行财务准备，根据不同的战略阶段来确定存量货币资金的规模。

⑤企业所处的行业特点：不同行业的企业对于合理的货币资金规模会有所差异。

典型实例2-5　　　　　　　　**分析货币资金占比情况**

表2-9给出了根据对外报表汇总的15家不同行业的上市公司的资产和货币资金情况，简单分析其货币资金占比情况。

表2-9　　　　　　**15家上市公司货币资金占比情况分析表**　　　　　金额单位：百万元

公司名称	所属行业	资产总计	货币资金	占总资产比重
美的电器	电器机械及器材制造业	9 698.43	1 250.60	12.89%
万科A	房地产开发与经营业	22 002.39	3 345.11	15.20%
浦发银行	银行业	566 120.65	1 979.06	0.35%
南玻A	非金属矿物制品业	5 521.31	290.22	5.26%
苏宁电器	零售业	4 321.18	701.29	16.23%
鞍钢股份	黑色金属冶炼及压延加工业	14 279.81	571.34	4.00%
上海机场	交通运输辅助业	9 569.69	498.99	5.21%
东阿阿胶	医药制造业	1 250.60	295.55	23.63%
中兴商业	零售业	951.12	77.83	8.18%
格力电器	电器机械及器材制造业	12 675.20	570.50	4.50%

续表

公司名称	所属行业	资产总计	货币资金	占总资产比重
沈阳机床	普通机械制造业	5 266.11	601.33	11.42%
中技贸易	商业经纪与代理业	1 672.35	467.81	27.97%
一汽轿车	交通运输设备制造业	7 950.68	2 934.80	36.91%
晨鸣纸业	造纸及纸制品业	17 950.43	1 016.55	5.66%
中捷股份	专用设备制造业	1 196.93	485.99	40.60%

资料来源：光昭. 财务报表编制与分析［M］. 西安：西安交通大学出版社，2022.作者有改动。

分析要点：

根据表2-9的数据，可以观察到企业货币资金占总资产的比重在不同公司之间存在较大差异，从最小的0.35%到最大的40.60%不等。专用设备制造业的中捷股份货币资金占总资产的比重非常高，从公司的年报中可知，货币资金规模扩大是销售规模扩大所致。银行业的浦发银行货币资金占总资产的比重是最小的，其他上市银行也基本上呈现这种情况，这是因为银行业的资产总额特别大。从表中的情况来看，一般制造业的货币资金占比相对高些。

（2）交易性金融资产

在进行交易性金融资产的质量分析时，通常需要先查看会计报表附注中披露的投资明细。具体来说，债券类投资风险较小，收益稳定但较低，因此在短期投资质量分析中可以忽略不计。然而，股票类投资风险较大，可能带来较高的收益，也可能导致较大的亏损，对企业经营成果的影响较大。由于交易性金融资产的公允价值变动必须计入当期损益，因此，在分析这类资产的质量时，尤其要结合对资本市场的预期来判断。交易性金融资产的分析重点在于确定企业是否对金融资产进行了适当的分类。

（3）应收票据

分析应收票据时，重点关注应收票据占总资产的比重，以及它与企业的销售规模和销售模式的适应性。

典型实例2-6   **分析M公司的应收票据**

根据表2-3和表2-4，对M股份有限公司的应收票据进行分析。

分析要点：

通过对比表2-3和表2-4的数据可以发现，该公司在2023年的应收票据金额相较于2022年减少了60万元，下降幅度为21.43%。同时，应收票据在资产总额中的比重也由2022年的0.62%下降到0.42%。这种变化表明债务人的信用状况良好，不存在无法按时偿付债务的可能性。

（4）应收账款

应收账款分析的核心在于评估应收账款的流动性，即其可回收性。如果应收账款持续增加，尤其是增幅显著高于营业收入，可能意味着产品销售已经下滑，需要依赖过量的信用来维持业务。在会计上，无法预期收回的应收账款会通过提取坏账准备的方式进行会计核算，这会对企业当期的利润产生很大影响。对应收账款的分析主要从以下几个方面进行：

①应收账款账龄分析。1年以内的应收账款在企业信用期限范围内；1～2年的应收账款有一定逾期，但仍属正常；2～3年的应收账款风险较大；而3年以上的应收账款已与企业的信用状态无关，可回收性极小，可能需要进行债务重组来解决。

②债务人构成分析。它是指通过债务人的信息来判断企业应收账款的可回收性，具体如图2-3所示。

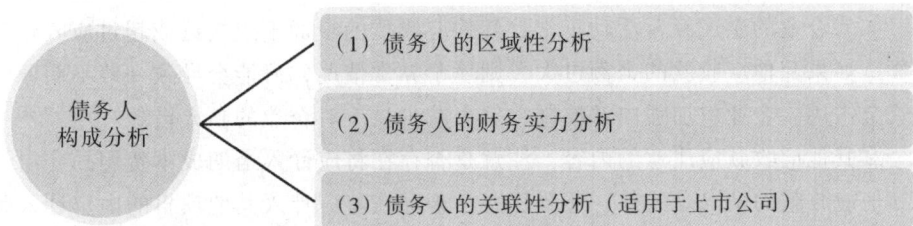

图2-3　债务人的构成分析

③坏账准备分析。通过分析资产减值准备明细表的信息，对应收账款提取坏账准备的情况进行分析。

小思考2-1

应收账款对于企业的价值是什么

应收账款对企业的价值在于支持销售规模的扩大。通常情况下，应收账款与销售收入规模呈正相关关系。当企业放宽信用政策时，往往会刺激销售，但同时增加了应收账款。相反，当企业收紧信用政策以减少应收账款时，可能会对销售产生负面影响。然而，也经常会出现例外情况，这可能意味着企业应收账款的管理存在异常。

（5）预付款项

对企业而言，预付款项应该越少越好。如果企业的预付款项较多，可能是企业向其他单位提供贷款、非法转移资金或抽逃资本的信号。此外，从实际操作角度来看，正常预付款项的期限应在3个月以内。如果超过3个月对方企业仍未交货，预付款项的回收将面临一定的风险，需要给予必要的关注。

典型实例2-7 ■ ■　　　　　　　　分析M公司的预付款项

根据表2-3、表2-4，对M股份有限公司的预付款项进行分析。

分析要点：

根据表2-3和表2-4的数据可以得出，该公司在2023年的预付款项出现了较大的增长，达到了246.67%。然而，由于该公司预付款项在总资产中的比重仅增长了0.66%，且2022年的比重仅为0.99%，说明其规模相对较小，比重适当。由于预付款项在总资产中的比重仍然很小，且流动负债中其他项目的增长率并未出现大幅增长，因此可以认为预付款项的增幅在合理范围内。

（6）其他应收款

其他应收款的产生通常是由企业间或企业内部往来事项引起的。在分析其他应收款时应特别关注以下几个方面：

①其他应收款的规模和变动情况：其他应收款只是一种暂付款，一般期限较短。如果企业的生产经营活动正常，其他应收款的金额不应接近或超过应收账款金额。如果其他应收款的金额过大，则属于异常情况，可能会导致一些不明原因的资金占用。企业应加强内部控制，努力减少员工对企业的私人借款。

②其他应收款应注意的内容：注意是否存在将应计入当期成本费用的支出计入其他应收款的情况。此外，还要注意是否存在将应计入其他项目的内容计入其他应收款的情况。

③关联方交易和借款：如果一家上市公司的其他应收款期限较长，金额和比例不断增长，主要来自关联交易和关联借款，那么发生坏账损失的风险就会非常高。这意味着该上市公司很可能已成为关联公司的"提款机"，而这些关联公司很可能就是其控股公司。

④是否存在违规拆借资金：上市公司往往借助其他应收款以委托理财等名义违规拆借资金。

小提示2-2 ■ ■

分析其他应收款时，要通过报表附注仔细分析它的构成、内容和发生时间，特别是金额较大、时间较长的款项，要警惕企业利用该项目粉饰利润及转移销售收入偷逃税款。

（7）应收股利

由于现金股利是根据权责发生制原则确认的，当被投资单位宣布分配股利时，通常会充分考虑其现金支付能力。因此，应收股利的风险较小。

（8）存货

①存货真实性分析。在资产负债表中列示的存货应与实际库存物品相符。待

售商品应处于完好无损的状态，产成品的质量应符合相应的产品质量要求，库存的原材料应符合生产所需等。

②存货计价分析。如果期末存货计价过低，当期收益可能会相应减少；如果期末存货计价过高，当期收益可能会相应增加；如果期初存货计价过低，当期收益可能会相应增加；如果期初存货计价过高，当期收益可能会相应减少。存货计价对于资产负债表有关项目数额计算也有直接影响，包括流动资产总额和所有者权益等项目，这些项目会因存货计价的不同而有所变化。在实际工作中，一些企业可能会利用不同的存货计价方法来操纵利润，因此，在对企业的资产和利润进行分析时，应密切关注这一点。特别是当企业在当期更改存货计价方法时，需要注意分析变更的真正原因以及其对当期利润的影响。

③存货质量分析。存货的质量分析可以从以下几个方面进行：第一，存货的物理质量分析。物理质量指存货的自然质量，即存货的自然状态。例如，商业企业中的待售商品是否完好无损，制造业的产成品是否符合相应产品的质量要求等。第二，存货的时效状况分析。与时效性相关的存货指那些使用价值和变现价值与时间关系较大的存货。第三，存货的品种构成分析。关注不同品种产品的盈利能力、技术状态、市场发展前景以及产品的抗变能力等方面的情况。

2.非流动资产项目分析

（1）长期股权投资

①长期股权投资的目的性分析。进行长期股权投资的目的通常包括：第一，出于企业战略性考虑，以形成企业的竞争优势。这可能包括通过兼并竞争对手来消除竞争，通过投资重要原材料供应商来确保供应稳定等战略性考虑。第二，通过多元化经营来降低经营风险并稳定经营收益。根据财务管理理论，企业的投资方向越多样化，企业的经营风险就越小，实现稳定收益的可能性就越大。因此，一些企业通过扩大对外投资规模和多样化投资方向来实现多元化经营的目标。第三，为将来某些特定目的积累资金。第四，出于粉饰财务状况的目的，以增加企业的净资产值。

典型实例2-8　　　　　　　**分析A企业长期股权转让的目的性**

A企业2018年至2023年第三季度的净利润见表2-10。2023年12月28日，该企业发布预盈利公告称：公司已于2023年12月27日与北京B房地产开发集团有限公司（简称"B企业"）签署"股权转让合同书"，将公司下属控股子公司A企业的10%股权转让给B企业，双方约定交易价格为人民币8 780万元。对A企业长期股权转让的目的性进行分析。

表2-10　　　　　　　A企业2018年至2023年第三季度净利润　　　　　　单位：万元

项目	2023年（第三季度）	2022年	2021年	2020年	2019年	2018年
净利润	−2 530.00	−12 966.00	187.00	115.00	322.00	530.00

分析要点：

A企业在2023年12月的长期股权转让存在粉饰财务状况之嫌。从A企业近年来的净利润可以看到，2018年至2021年都是微利，2022年爆出巨额亏损，2023年第三季报披露该公司累计亏损2 530万元，但通过2023年12月27日与B企业签署"股权转让合同书"，公司预计可获得数千万元的收益。鉴于此，该公司2023年度业绩预计为盈利。

②长期股权投资的质量分析。对长期股权投资的质量分析可以从以下几个方面进行：第一，对长期股权投资构成进行分析。这包括对企业长期股权投资的方向（即投资对象、受资企业）、投资规模和持股比例等进行分析。第二，对利润表中股权投资收益与现金流量表中因股权投资收益而收到的现金之间的差异进行分析。第三，通过某些迹象来判断。对于有市价的长期投资，可以根据如图2-4所示迹象判断其质量是否恶化。对于无市价的长期投资，可以根据如图2-5所示迹象判断其质量是否恶化。对那些质量状况在恶化的投资，应当计提长期投资减值准备。

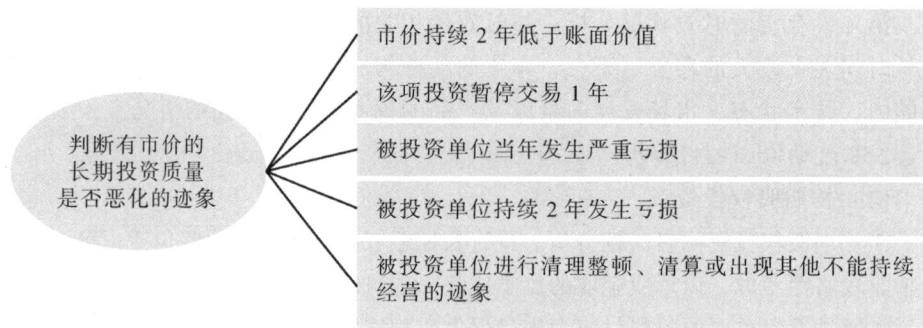

判断有市价的长期投资质量是否恶化的迹象

- 市价持续2年低于账面价值
- 该项投资暂停交易1年
- 被投资单位当年发生严重亏损
- 被投资单位持续2年发生亏损
- 被投资单位进行清理整顿、清算或出现其他不能持续经营的迹象

图2-4　判断有市价的长期投资质量是否恶化的迹象

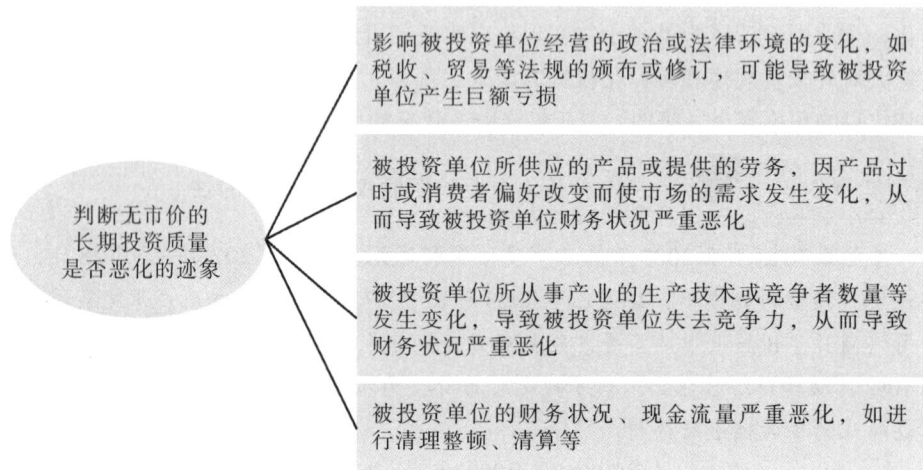

判断无市价的长期投资质量是否恶化的迹象

- 影响被投资单位经营的政治或法律环境的变化，如税收、贸易等法规的颁布或修订，可能导致被投资单位产生巨额亏损
- 被投资单位所供应的产品或提供的劳务，因产品过时或消费者偏好改变而使市场的需求发生变化，从而导致被投资单位财务状况严重恶化
- 被投资单位所从事产业的生产技术或竞争者数量等发生变化，导致被投资单位失去竞争力，从而导致财务状况严重恶化
- 被投资单位的财务状况、现金流量严重恶化，如进行清理整顿、清算等

图2-5　判断无市价的长期投资质量是否恶化的迹象

（2）固定资产

①固定资产基本构成分析。在执行新准则的会计报表中，列示在固定资产中

的资产基本上反映了公司的生产能力。

②固定资产折旧分析。在进行分析时，应注意阅读会计报表附注，首先要了解固定资产采用何种折旧法；其次需要关注固定资产使用年限的确定是否合理。

③固定资产减值分析。在分析企业的固定资产减值问题时要注意：第一，考虑固定资产的使用状态。第二，固定资产的资产减值损失不得转回。第三，确定可收回金额。第四，比较可收回金额和资产账面价值。

典型实例2-9　　　　　　　分析M公司的固定资产

根据表2-3和表2-4，对M股份有限公司的固定资产进行分析。

分析要点：

根据表2-3和表2-4的数据可以得出，该企业2023年的固定资产增加了7 000万元，增长幅度为25.00%。这表明该企业的生产能力得到了增强。同时，2023年固定资产在总资产中的比重比2022年上升了4.58%。这说明该企业购置了更多的固定资产以扩大生产能力。然而，需要注意的是，企业的存货在本年度下降了较多。因此，后续应密切关注存货的变化以及企业营业收入的变化。

（3）无形资产

无形资产指企业拥有或控制的、无实物形态的、可辨认的非货币资产。

①无形资产规模分析。企业所掌握的无形资产越多，其具备的可持续发展能力和竞争能力也越强。

②无形资产会计政策分析。当以下条件得到证明时，开发阶段的支出应确认为无形资产并在资产负债表上列示：第一，从技术上来看，该无形资产已完成使其能够使用或出售，并具有可行性。第二，具有完成该无形资产并使用或出售的意图。第三，该无形资产能够产生未来经济利益，包括能够证明存在市场对该无形资产所生产的产品的需求，或证明无形资产本身存在市场需求。对于内部使用的无形资产，应证明其有用性。第四，具备足够的技术、财务和其他资源支持，以完成该无形资产的开发，并有能力使用或出售该无形资产。第五，归属于该无形资产开发阶段的支出能够可靠地计量。

③无形资产价值分析。在报表中列示为"无形资产"的基本上是企业外购的无形资产。与无形资产自创相关的研究和开发支出基本上已经在会计期间作为费用计入，而没有被视为无形资产。然而，研究和开发支出的会计处理并不能影响自创无形资产的存在与否。因此，历史悠久且重视研究和开发的企业可能存在多项已经成功且对企业未来发展有积极贡献的无形资产。此外，作为无形资产重要组成部分的人力资源也未在资产负债表中体现。企业现有的无形资产的质量主要体现在以下几个方面：第一，企业无形资产与其他有形资产结合，能够获得更好的经济效益潜力；第二，企业无形资产具有被转让或出售时的增值潜力；第三，企业无形资产在用于对外投资时能够增值。因此，在对企业的财务状况进行全面分析和评价时，应

考虑账内无形资产的不充分性以及账外无形资产存在的可能性等因素。

典型实例 2-10　　　　　　　分析 M 公司的无形资产价值

根据表 2-3 和表 2-4，对 M 股份有限公司的无形资产价值进行分析。

分析要点：

根据表 2-3 和表 2-4 的数据可以观察到，该企业 2023 年的无形资产比 2022 年减少了 20 万元，降低率为 8.70%。该公司无形资产的减少表明企业的核心竞争力在削弱。同时，无形资产在总资产中的比重较小，仅占总资产的 0.40%。这说明企业可能缺乏核心技术，这对企业管理层来说是一个值得认真思考的问题。他们需要思考以何种因素作为企业的核心竞争力，以促进产品销售。

（4）在建工程

在建工程反映了企业期末各项未完成的工程实际支出和尚未使用的工程物资的实际成本。企业需要加强对建设过程的管理，并提高工程资金的周转速度。在对在建工程进行质量分析时，应慎重对待资本化的借款费用，并仔细分析企业是否将无法资本化的借款费用纳入在建工程。同时，如果企业自建的固定资产价值因为资本化的借款费用而高于其公允价值，那么这部分借款费用应该考虑剔除。原因在于，企业增加的这部分固定资产的价值仅仅是由于取得方式和融资方式的差异造成的，并不能在未来带来额外的经济利益流入。

典型实例 2-11　　　　　　　分析 M 公司的在建工程

根据表 2-3 和表 2-4，对 M 股份有限公司的在建工程进行分析。

分析要点：

根据表 2-3 和表 2-4 的数据可以得出，该公司 2023 年的在建工程相比 2022 年减少了 440 万元，降低幅度为 40%。同时，其在建工程在总资产中的比重比 2022 年下降了 1.18%。这说明该公司在建工程的规模相对较小，并且随着逐步完工，2023 年的在建工程项目已经结转到固定资产项目中，导致固定资产大幅增加。随后，该公司的生产能力也会增强。

3. 负债项目分析

（1）短期借款

短期借款是企业从银行或其他单位借入的期限在 1 年以内的各种借款。在分析短期借款时需要注意以下问题：

①短期借款应与流动资产规模相适应。短期借款必须与当期流动资产，尤其是与存货项目相适应。一般来说，短期借款的规模应小于流动资产的数额。

②短期借款应与企业当期收益相适应。短期借款的绝对数额高低并不能单纯代表企业运营状况的好坏，关键在于企业的产出是否大于投入，即营运效率是否高于借款利率。对此，可以利用财务杠杆进行分析。

典型实例2-12　　　　　　　　**分析M公司的短期借款**

根据表2-3和表2-4，对M股份有限公司的短期借款进行分析。

分析要点：

根据表2-3和表2-4的数据可以得出，该企业在2023年度的短期借款比2022年增加了450万元，增加幅度为45%。短期借款在流动负债中的比重从2022年到2023年增加了6.17%（26.70%-20.53%），短期借款在总负债中的比重从2022年到2023年增加了0.27%（6.97%-6.70%），说明短期借款的增加使得流动负债的比重略有上升，反映了公司短期融资需求的增加。

（2）应付票据和应付账款

①应付票据。在财务分析中，需要关注应付票据是否带有利息，企业是否曾经延迟支付到期票据，以及企业开具的商业汇票是银行承兑汇票还是商业承兑汇票。如果商业承兑汇票占据较大比例，则需要进一步分析企业是否存在信用状况下降和资金短缺的问题。如果应付票据是与关联方有关的，还需要了解关联方交易的具体事项、价格、目的等因素，以确定是否存在通过票据方式进行融资的行为。

典型实例2-13　　　　　　　　**分析M公司的应付票据**

根据表2-3和表2-4，对M股份有限公司的应付票据进行分析。

分析要点：

根据表2-3和表2-4的数据可以得出，该企业2023年的应付票据比2022年增加了35万元，增长幅度为33.33%。同时，其应付票据在总资产中的比重也上升了0.03%。这说明虽然应付票据有一定的增加，但该公司仍然能够保持良好的支付能力，不会影响公司的信誉。

②应付账款。对于应付账款的分析可以从图2-6所示的几个方面进行。

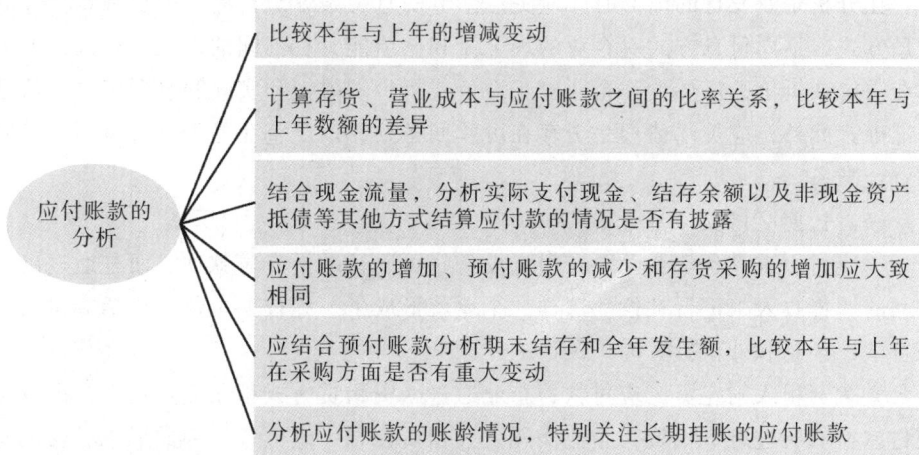

图2-6　应付账款的分析

知识延伸2-2

（3）预收款项

对于企业而言，预收款项的金额越多越好。在某些特殊行业中，当分析资产负债表时，应该给予预收款项足够的重视。因为预收款项通常是根据收入的一定百分比预收的，通过预收款项的变化可以预测企业未来营业收入的变动。此外，作为一种短期资金来源，预收款项的成本很低，风险也很小。

（4）长期借款

在分析时，应观察企业长期借款的用途，判断长期借款的增加是否与企业非流动资产的增加相匹配，是否存在将长期借款用于流动资产支出的情况。还应观察企业长期借款数额是否波动较大，以及波动的原因是什么。此外，需要注意企业的盈利能力，因为与短期借款不同，长期借款的本金和利息支付依赖于企业的盈利能力，因此盈利能力应与长期借款规模相匹配。

典型实例2-14   分析M公司的长期借款

根据表2-3，对M股份有限公司的长期借款进行分析。

分析要点：

根据表2-3，该企业2023年的长期借款比2022年增加了5 600万元。这表明企业在资本市场上享有良好的信誉。同时，这也预示着企业的负债政策可能发生了变化。

（5）应付债券

在分析企业发行的债券时，应关注债券的有关条款。首先，需要查看债券的付息方式，不同付息方式对企业的现金流和偿债能力有不同的影响。其次，如果存在溢价或折价，需要关注企业对于溢价或折价的摊销和实际利息费用的确认是否准确。此外，应关注债券是否存在可赎回条款，以及企业是否具备可用于赎回的资金准备。

（6）长期应付款

①应付引进设备款：企业在引进设备时可以暂时不支付款项，而是通过出口产品的销售收入来进行补偿。这样，企业就形成了一笔长期负债，包括应付的设备价款、利息和外币折算为人民币的差额。

②融资租入固定资产应付款：企业通过融资租赁方式租入固定资产，形成了应付款项。通过融资租赁，企业实际上欠租赁公司一笔债务，因此形成了长期应付款。

③企业延期付款购买资产形成的应付款项：如果企业延期支付购买价款，并且延期支付超过正常信用条件，那么实质上具有融资性质。在这种情况下，购买资产的成本应以延期支付购买价款的现值为基础确定。实际支付的价款与购买价款的现值之间的差额应该在信用期间内采用实际利率法进行摊销，计入相关资产成本或当期损益。

典型实例2-15   分析M公司的长期应付款

根据表2-3表2-4，对M股份有限公司的长期应付款进行分析。

分析要点：

根据表2-3和表2-4的数据，该企业2023年的长期应付款比2022年减少了290万元，下降比例为17.50%。同时，2023年长期应付款占负债与所有者权益的比例为2.60%。这说明企业正在努力降低负债比率。

4.所有者权益项目分析

所有者权益主要分为两部分，如图2-7所示。

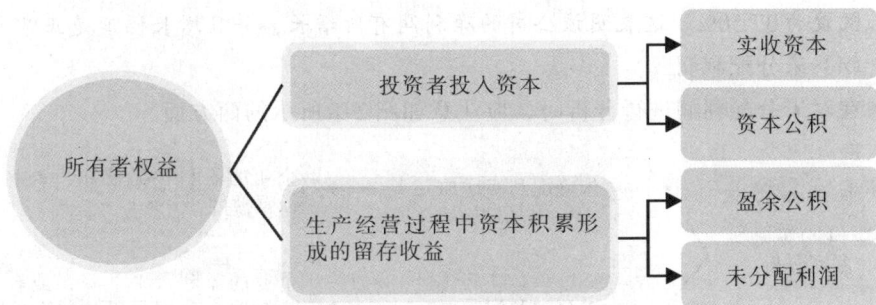

图2-7 所有者权益

（1）实收资本（或股本）

实收资本的变动会影响到企业原有投资者对企业的所有权和控制权，并对企业的偿债能力、盈利能力等产生重大影响。在分析时，可以将实收资本与负债进行比较，以观察企业财务结构的稳定性和风险程度。此外，还应关注实收资本增加的原因，即分析增加的资本中有多少是资本公积或盈余公积转入，有多少是增发新股转入。

典型实例2-16   分析M公司的实收资本（或股本）

根据表2-3和表2-4，对M股份有限公司的实收资本（或股本）进行分析。

分析要点：

根据表2-3和表2-4，该企业2023年的实收资本（或股本）与2022年相比在数量上没有发生变化。然而，2023年股本占总资产的比率与2022年相比下降了4.35%。这说明企业的财务实力有所下降。

（2）资本公积

由于资本公积的复杂性，在分析时应注意企业是否通过资本公积项目来改善财务状况。如果该项目的数额在本期增长过大，就应进一步了解资本公积的具体构成。需要了解企业是否将其他项目混入资本公积中，以降低资产负债率，达到粉饰企业信用形象的目的。

（3）盈余公积

①盈余公积的计提是否符合《中华人民共和国公司法》的规定，是否存在违规计提以粉饰会计报表的情况。

②盈余公积是否被用于弥补亏损、转增资本和扩大生产经营等目的。

典型实例2-17   **分析M公司的盈余公积**

根据表2-3，对M股份有限公司的盈余公积进行分析。

分析要点：

根据表2-3的数据，该公司2023年的盈余公积比2022年增加了2 100万元，增长幅度为37.50%。这表明该公司的净利润有所增长，并且增长幅度是正常的。

（4）未分配利润

在对未分配利润进行分析时，应注意如图2-8所示的两方面。

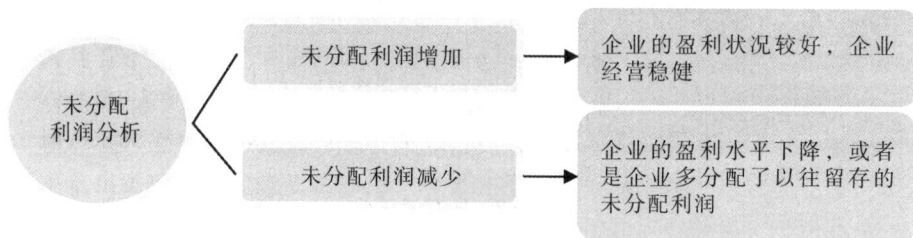

图2-8　未分配利润分析

本章小结

本章主要介绍了资产负债表的内容与结构、资产负债表的编制与填列以及资产负债表分析。在我国，企业的资产负债表采用账户式结构。资产负债表的数据主要来自会计账簿记录，可以根据总账科目余额直接填列，也可以根据几个总账科目的余额计算填列，还可以根据总账科目和明细科目的余额分析计算填列，以及根据有关明细科目余额计算填列，或者根据有关总账科目与其备抵科目抵销后的净额填列。

资产负债表分析的目的主要是了解企业会计对企业财务状况的反映程度，以及所提供会计信息的质量，从而对企业资产和权益的变动情况以及企业财务状况做出恰当的评价。具体分析方法包括资产负债表水平结构分析、资产负债表垂直结构分析、资产负债表总体结构分析和资产负债表项目分析。本章的重点是根据企业的资料完成资产负债表的编制，并能够运用分析方法进行资产负债表的综合分析。

思考题（思政×业务）

1.党的二十大报告强调高质量发展，通过资产负债表如何评估企业的经营状况和财务健康度？

2.资产负债表能否准确反映企业的社会责任履行情况？

第3章

利润表填制与分析

■ 内容导读

利润表通过记录和呈现企业的营业收入、成本费用和净利润等数据，反映了企业经济活动的成果和贡献，为评估企业经营状况和经济增长提供重要依据。

利润表是反映企业在特定会计期间经营成果的报表。利润表的列报应充分反映企业经营业绩的主要来源和构成，以帮助报表使用者评估净利润的质量和风险，预测净利润的持续性，并做出正确的决策。

3.1 利润表的内容与结构

3.1.1 利润表的主要内容

1.收入

（1）根据利润表的列示规则，收入可以分为主营业务收入和其他业务收入。主营业务收入指由企业的主营业务带来的收入，而其他业务收入指除主营业务外的其他经营活动带来的收入。在利润表中还有一个名为"营业外收入"的项目，实际上这是企业的利得。此外，利润表中还包括其他收入和利得类项目，例如"利息收入"、"投资收益"、"公允价值变动收益"和"资产处置收益"等。

（2）根据收入的性质，企业的收入可以分为销售商品收入、提供劳务收入和让渡资产使用权收入等。

2.费用

利润表中的费用主要分为两大类：生产费用和期间费用。生产费用是指与企业日常生产经营活动有关的物化劳动和人力劳动所耗费的综合费用。按照经济用途，生产费用可分为直接材料、直接人工和制造费用，但不包括来料加工消耗的订货者原材料价值和未经加工转售的原材料与燃料价值。期间费用是指企业当期发生的不能直接或间接归入产品生产成本，而应直接计入当期损益的各项费用，如管理费用、销售费用和财务费用等。

小提示3-1

　　生产费用应根据实际发生情况计入产品的生产成本。对于多种产品共同发生的生产费用，应按照受益原则，采用适当的方法和程序进行分配，以计入相关产品的生产成本。在利润表中，费用和损失类项目主要包括"营业成本"、"税金及附加"、"销售费用"、"管理费用"、"研发费用"、"财务费用"、"信用减值损失"、"资产减值损失"、"营业外支出"和"所得税费用"等。

　　3.利润

　　利润是指企业经营实现的收入扣除各种成本费用和税金后的余额。利润主要由两部分组成：一是收入减去费用后的净额，反映企业日常经营活动的经营业绩；二是直接计入当期损益的利得和损失，反映企业非日常经营活动的业绩。在利润表中，有不同的利润项目，主要包括"营业利润"、"利润总额"和"净利润"。

3.1.2　利润表的结构

　　利润表通常由表首、正表和补充资料三部分构成。表首包含报表名称、编制单位、编制日期、报表编号、货币名称和计量单位等信息。正表是利润表的主体，反映了企业形成经营成果的各个项目和计算过程。补充资料则反映了非经常性项目对利润总额的影响。利润表的正表结构一般有单步式利润表和多步式利润表两种形式。在我国目前使用的利润表中，采用的是多步式结构。多步式利润表通过将当期的收入费用和支出项目按性质分类，并列示一些中间性利润指标（如营业利润、利润总额、净利润），以分步计算当期净损益。根据《财政部关于修订印发2019年度一般企业财务报表格式的通知》，已执行新金融准则、新收入准则和新租赁准则的利润表格式见表3-1。

表3-1　　　　　　　　　　　　　**利润表**　　　　　　　　　　会企02表

编制单位：　　　　　　　　　　　　年　　　　　　　　　　　　单位：元

项目	本期金额	上期金额
一、营业收入		
减：营业成本		
税金及附加		
销售费用		
管理费用		

续表

项目	本期金额	上期金额
研发费用		
财务费用		
其中：利息费用		
利息收入		
加：其他收益		
投资收益（损失以"－"号填列）		
其中：对联营企业和合营企业的投资收益		
以摊余成本计量的金融资产终止确认收益（损失以"－"号填列）		
净敞口套期收益（损失以"－"号填列）		
公允价值变动收益（损失以"－"号填列）		
信用减值损失（损失以"－"号填列）		
资产减值损失（损失以"－"号填列）		
资产处置收益（损失以"－"号填列）		
二、营业利润（亏损以"－"号填列）		
加：营业外收入		
减：营业外支出		
三、利润总额（亏损总额以"－"号填列）		
减：所得税费用		
四、净利润（净亏损以"－"号填列）		
（一）持续经营净利润（净亏损以"－"号填列）		
（二）终止经营净利润（净亏损以"－"号填列）		
五、其他综合收益的税后净额		
（一）不能重分类进损益的其他综合收益		
1.重新计量设定受益计划变动额		
2.权益法下不能转损益的其他综合收益		
3.其他权益工具投资公允价值变动		

项目	本期金额	上期金额
4.企业自身信用风险公允价值变动		
⋮		
（二）将重分类进损益的其他综合收益		
1.权益法下可转损益的其他综合收益		
2.其他债权投资公允价值变动		
3.金融资产重分类计入其他综合收益的金额		
4.其他债权投资信用减值准备		
5.现金流量套期储备		
6.外币会计报表折算差额		
⋮		
六、综合收益总额		
七、每股收益		
（一）基本每股收益		
（二）稀释每股收益		

3.2 利润表的编制与填列

3.2.1 利润表的编制

多步式利润表的内容有很多项分类，编制时应从销售总额开始，即前面展示的利润表中所示的"营业收入"。具体编制步骤如下：

（1）准备工作。确保所有会计业务都已入账，检查会计账户的准确性，编制试算平衡表。根据损益类账户的发生额和有关明细账户的发生额，开始计算并填列利润表的各项目。

（2）营业利润。将营业收入减去营业成本、税金及附加、销售费用、管理费用、研发费用、财务费用，同时加上投资收益（或减去投资损失）、公允价值变动收益（或减去公允价值变动损失），减去信用减值损失和资产减值损失，再加上资产处置收益（或减去资产处置损失），得到营业利润。

（3）利润总额。在营业利润的基础上，加上营业外收入，减去营业外支出，得到利润总额。

（4）净利润。在利润总额的基础上，减去所得税费用，得到净利润。

（5）综合收益总额。在净利润的基础上，加上其他综合收益的税后净额，得到综合收益总额。

需要注意的是，有些公司在编制利润表时，还需要根据综合收益总额计算并填写每股收益，包括基本每股收益和稀释每股收益。此外，一些企业为了更好地反映主营业务的获利能力，可能会在计算营业利润时进行细分，先计算主营业务利润，再加上其他业务利润，形成营业利润，这样可以更好地评估企业主营业务的盈利能力。

3.2.2　利润表的填列

利润表各项目均需填列"本期金额"和"上期金额"两栏。其中"上期金额"栏内各项数字，应根据上年该期利润表的"本期金额"栏内所列数字填列。"本期金额"栏内各期数字，除了"基本每股收益"和"稀释每股收益"项目，其他项目应当按照相关科目的发生额分析填列。

（1）营业收入：根据"主营业务收入"和"其他业务收入"科目的发生额分析填列。

（2）营业成本：根据"主营业务成本"和"其他业务成本"科目的发生额分析填列。

（3）税金及附加：根据"税金及附加"科目的发生额分析填列。

（4）销售费用：根据"销售费用"科目的发生额分析填列。

（5）管理费用：根据"管理费用"科目的发生额分析填列。

（6）研发费用：根据"管理费用"科目下的"研发费用"明细科目的发生额分析填列。

（7）财务费用：根据"财务费用"科目的发生额分析填列。其中，"利息费用"项目应根据"财务费用"科目的相关明细科目的发生额分析填列。"利息收入"项目应根据"财务费用"科目的相关明细科目的发生额分析填列。

（8）其他收益：根据"其他收益"科目的发生额分析填列。

（9）投资收益：根据"投资收益"科目的发生额分析填列。如为投资损失，本项目用"-"号填列。

（10）公允价值变动收益：根据"公允价值变动损益"科目的发生额分析填列。如为净损失，本项目以"-"号填列。

（11）资产减值损失：根据"资产减值损失"科目的发生额分析填列。

（12）资产处置收益：根据"资产处置损益"科目的发生额分析填列。如为处置损失，以"-"号填列。

（13）营业利润：反映企业实现的营业利润。如为亏损，应以"-"号填列。

（14）营业外收入：根据"营业外收入"科目的发生额分析填列。

（15）营业外支出：根据"营业外支出"科目的发生额分析填列。

（16）利润总额：反映企业实现的利润。如为亏损，应以"－"号填列。

（17）所得税费用：根据"所得税费用"科目的发生额分析填列。

（18）净利润：反映企业实现的净利润。如为亏损，应以"－"号填列。

"（一）持续经营净利润"和"（二）终止经营净利润"分别反映净利润中与持续经营相关的净利润和与终止经营相关的净利润；如为净亏损，应以"－"号填列。这两个项目应按照《企业会计准则第42号——持有待售的非流动资产、处置组和终止经营》的相关规定分别列报。

（19）其他综合收益的税后净额：反映根据企业会计准则规定未在损益中确认的各项利得和损失扣除所得税影响后的净额。

（20）综合收益总额：反映企业净利润与其他综合收益的合计金额。

（21）每股收益：包括基本每股收益和稀释每股收益两项指标，反映普通股或潜在普通股已公开交易的企业，以及正在公开发行普通股或潜在普通股过程中的企业的每股收益信息。

典型实例3-1 　　　　　　　　　　编制A公司利润表

A公司2023年各损益类项目累计净发生额见表3-2，公司发行在外的普通股股数为18 780 000股，利润表上期金额来自2022年利润表资料。根据以上资料，编制A公司2023年度利润表。

表3-2　　　　　　　　　　2023年损益类科目累计发生额

编制单位：A公司　　　　　　　　2023年度　　　　　　　　单位：元

项目	借方发生额	贷方发生额
主营业务收入		192 710 152
其他业务收入		3 119 967
主营业务成本	154 779 615	
其他业务成本	3 499 879	
税金及附加	637 910	
销售费用	12 012 764	
管理费用	7 101 110	
财务费用	1 857 159	
信用减值损失	517 011	
资产减值损失	285 079	

项目	借方发生额	贷方发生额
投资收益	1 030 290	
营业外收入		1 436 122
营业外支出	498 010	
所得税费用	3 310 116	

分析要点：

（1）计算利润表各项目数值：

营业收入=192 710 152+3 119 967=195 830 119（元）

营业成本=154 779 615+3 499 879=158 279 494（元）

营业利润=195 830 119－158 279 494－637 910－12 012 764－7 101 110－1 857 159－517 011－

285 079－1 030 290

=14 109 302（元）

利润总额=14 109 302+1 436 122－498 010=15 047 414（元）

净利润=15 047 414－3 310 116=11 737 298（元）

基本每股收益=11 737 298÷18 780 000=0.62（元）

（2）编制2023年度利润表（见表3-3）

表3-3　　　　　　　　　　　　　　利润表

编制单位：A公司　　　　　　　　2023年度　　　　　　　　　　　单位：元

项目	2023年度	2022年度
一、营业收入	195 830 119.00	154 521 867.00
减：营业成本	158 279 494.00	125 234 737.00
税金及附加	637 910.00	438 282.00
销售费用	12 012 764.00	7 135 293.00
管理费用	7 101 110.00	7 230 285.00
研发费用	—	—
财务费用	1 857 159.00	1 410 414.00
其中：利息费用	1 857 159.00	1 410 414.00
利息收入		
加：其他收益		
投资收益（损失以"-"号填列）	-1 030 290.00	45 197.00
其中：对联营企业和合营企业的投资收益		

项目	2023年度	2022年度
净敞口套期收益（损失以"－"号填列）		
公允价值变动收益（损失以"－"号填列）		
信用减值损失（损失以"－"号填列）	−517 011.00	−239 533.00
资产减值损失（损失以"－"号填列）	−285 079.00	−131 692.00
资产处置收益（损失以"－"号填列）		
二、营业利润（亏损以"－"号填列）	14 109 302.00	12 746 828.00
加：营业外收入	1 436 122.00	348 944.00
减：营业外支出	498 010.00	302 696.00
三、利润总额（亏损总额以"－"号填列）	15 047 414.00	12 793 076.00
减：所得税费用	3 310 116.00	3 502 271.00
四、净利润（净亏损以"－"号填列）	11 737 298.00	9 290 805.00
（一）持续经营净利润（净亏损以"－"号填列）	11 737 298.00	9 290 805.00
（二）终止经营净利润（净亏损以"－"号填列）		
五、其他综合收益的税后净额		
（一）不能重分类进损益的其他综合收益		
（二）将重分类进损益的其他综合收益		
六、综合收益总额	11 737 298.00	9 290 805.00
七、每股收益		
（一）基本每股收益	0.62	0.49
（二）稀释每股收益	0.62	0.49

3.3 利润表分析

3.3.1 利润表水平结构分析

1.利润表水平结构分析方法

利润表水平结构分析是通过比较企业连续两期或多期利润表的数据，计算其增减变动的数额和百分比，以了解企业利润的变动趋势。通过分析变动的方向、数额和幅度，可以预测企业未来财务活动的发展前景。

典型实例3-2 编制A公司利润水平分析表

根据表3-4的资料，编制A股份有限公司利润水平分析表。

表3-4 利润表

编制单位：A股份有限公司 2022—2023年度 单位：万元

项目	2023年度	2022年度
一、营业收入	84 500.00	77 650.00
减：营业成本	70 100.00	66 400.00
税金及附加	850.00	710.00
销售费用	599.00	565.00
管理费用	1 250.00	1 110.00
财务费用	2 870.00	2 390.00
资产减值损失	0.00	0.00
加：公允价值变动收益	0.00	0.00
投资收益	139.00	70.00
其中：对联营企业和合营企业的投资收益	0.00	0.00
二、营业利润	8 970.00	6 545.00
加：营业外收入	1 420.00	5 650.00
减：营业外支出	240.00	65.00
其中：非流动资产处置损失	0.00	0.00
三、利润总额	10 150.00	12 130.00
减：所得税费用	2 440.00	2 842.50
四、净利润	7 710.00	9 287.50
五、每股收益	0.00	0.00

分析要点：

A股份有限公司利润水平分析表编制见表3-5。

表 3-5 利润水平分析表 金额单位：万元

项目	2023年度	2022年度	增减额	变动幅度
一、营业收入	84 500.00	77 650.00	6 850.00	8.82%
减：营业成本	70 100.00	66 400.00	3 700.00	5.57%
税金及附加	850.00	710.00	140.00	19.72%
销售费用	599.00	565.00	34.00	6.02%
管理费用	1 250.00	1 110.00	140.00	12.61%
财务费用	2 870.00	2 390.00	480.00	20.08%
资产减值损失	0.00	0.00	0.00	0.00
加：公允价值变动收益	0.00	0.00	0.00	0.00
投资收益	139.00	70.00	69.00	98.57%
其中：对联营企业和合营企业的投资收益	0.00	0.00	0.00	0.00
二、营业利润	8 970.00	6 545.00	2 425.00	37.05%
加：营业外收入	1 420.00	5 650.00	−4 230.00	−74.87%
减：营业外支出	240.00	65.00	175.00	269.23%
其中：非流动资产处置损失	0.00	0.00	0.00	0.00
三、利润总额	10 150.00	12 130.00	−1 980.00	−16.32%
减：所得税费用	2 440.00	2 842.50	−402.50	−14.16%
四、净利润	7 710.00	9 287.50	−1 577.50	−16.99%
五、每股收益	0.00	0.00	0.00	0.00

2.利润表水平变动情况的评价分析

分析利润水平分析表时可以从营业利润、利润总额和净利润三个方面展开，分别分析每个利润项目的变动情况以及变动原因，找出企业利润增长的有利因素和不利因素。

根据分析目的和要求的不同，水平分析法有三种比较形式：

（1）实际指标与预算比较：通过将实际指标与预算（计划或定额）进行比较，可以揭示实际与预算之间的差异，了解指标的完成情况。

（2）本期指标与上期指标或历史最高水平比较：通过将本期指标与上期指标或历史最高水平进行比较，可以确定不同时期有关指标的变动情况，了解企业生产经营活动的发展趋势和管理工作的改进情况。

（3）本企业指标与国内外同行业先进指标比较：通过将本企业指标与国内外

同行业先进指标进行比较，可以找出本企业与先进企业之间的差异，推动本企业改善经营管理方法，赶超先进水平。

典型实例3-3 　　分析A公司的营业利润、利润总额、净利润或税后利润

根据表3-5，对A股份有限公司进行评价分析。

分析要点：

（1）营业利润分析

A股份有限公司的营业利润增加主要是由于以下几个原因：一是该企业的营业收入增加；二是有效控制了营业成本；三是投资收益增加。2023年的营业收入比2022年增加了6 850万元，增长率为8.82%。该企业当期的营业利润增加了2 425万元，增长率为37.05%。此外，投资收益的增加还使企业获利增加了69万元。值得注意的是，财务费用、管理费用以及税金及附加等都有上升趋势，导致营业利润的增长幅度受到限制。因此，该企业在后续阶段应精准控制这些费用，以进一步提升营业利润。

（2）利润总额分析

A股份有限公司2023年利润总额比2022年下降了1 980万元。这主要是由于营业外支出增加了175万元，营业外收入减少了4 230万元，导致利润总额下降了1 980万元，降低率为16.32%。

（3）净利润或税后利润分析

A股份有限公司2023年实现了净利润7 710万元，比2022年减少了1 577.50万元，降低率为16.99%，减少幅度较大。从水平分析表来看，公司净利润的减少主要是由于营业外收入比2022年减少了4 230万元。尽管营业收入和投资收益增长，使得企业利润呈上升趋势，但财务费用、管理费用、销售费用以及营业外支出都在增长，导致净利润减少了1 577.50万元。

3.3.2　利润表垂直结构分析

1.利润表垂直结构分析方法

利润表垂直结构分析是以利润表中的"营业收入"项目为基准（设为100%），首先计算出其他项目占收入的百分比，然后比较各指标百分比的增减变动情况。通过这种分析，可以判断有关费用和利润指标的变动规律和趋势，了解利润形成过程的概况。

典型实例3-4 　　编制A公司利润垂直分析表

根据表3-4的资料，编制A股份有限公司利润垂直分析表。

分析要点：

A股份有限公司利润垂直分析表编制见表3-6。

表 3-6   利润垂直分析表   金额单位：万元

项目	金额		结构		
	2023 年度	2022 年度	2023 年度	2022 年度	变动幅度
一、营业收入	84 500.00	77 650.00	100%	100%	0.00
减：营业成本	70 100.00	66 400.00	82.96%	85.51%	−2.55%
税金及附加	850.00	710.00	1.00%	0.91%	0.09%
销售费用	599.00	565.00	0.71%	0.73%	−0.02%
管理费用	1 250.00	1 110.00	1.48%	1.43%	0.05%
财务费用	2 870.00	2 390.00	3.40%	3.08%	0.32%
资产减值损失	0.00	0.00	0.00	0.00	0.00
加：公允价值变动收益	0.00	0.00	0.00	0.00	0.00
投资收益	139.00	70.00	0.16%	0.09%	0.07%
其中：对联营企业和合营企业的投资收益	0.00	0.00	0.00	0.00	0.00
二、营业利润	8 970.00	6545.00	10.62%	8.43%	2.19%
加：营业外收入	1 420.00	5 650.00	1.68%	7.28%	−5.60%
减：营业外支出	240.00	65.00	0.28%	0.08%	0.20%
其中：非流动资产处置损失	0.00	0.00	0.00	0.00	0.00
三、利润总额	10 150.00	12 130.00	12.01%	15.62%	−3.61%
减：所得税费用	2 440.00	2 842.50	2.89%	3.66%	−0.77%
四、净利润	7 710.00	9 287.50	9.12%	11.96%	−2.84%
五、每股收益	0.00	0.00	0.00	0.00	0.00

2.利润表垂直变动情况的评价分析

利润表的垂直分析可以从静态角度评价实际利润构成情况，也可以从动态角度将实际利润构成与标准或基期利润构成进行分析评价。标准或基期利润构成可以使用预算数、上期数或同行业比较数据。不同的比较标准可以实现不同的分析评价目的。利润表的垂直分析可以从以下几个方面进行：

（1）通过分析净利润、利润总额和营业利润占营业收入的比重，可以明确百元收入净利润形成各环节的贡献或影响程度。

（2）通过评价营业成本占营业收入的比重，可以揭示企业成本水平。

（3）通过评价期间费用占营业收入的比重，可以揭示企业的期间费用水平。

典型实例3-5　　　　　　　　　　分析A公司利润表

根据表3-6，对A股份有限公司进行评价分析。

分析要点：

根据表3-6的数据，可以观察到该企业2023年的营业利润占营业收入的比重为10.62%，较2022年的8.43%增加了2.19%。利润总额占营业收入的比重为12.01%，较2022年的15.62%减少了3.61%。净利润占营业收入的比重为9.12%，较2022年的11.96%减少了2.84%。

从企业利润的构成来看，营业利润有所增长，表明盈利能力比2022年有所增强。然而，由于经营费用和营业外收入变动较大，导致企业利润总额和净利润明显下降，说明企业利润的质量需要进一步关注。因此，需要加强对企业盈利质量和数量的分析和控制。

从整体利润结构角度来看，企业净利润质量不理想主要是由于财务费用、管理费用和营业外支出等的比重上升，以及营业外收入比重下降所致。值得注意的是，营业成本比重的下降对营业利润、利润总额和净利润结构都产生了一定的有利影响。因此，在未来的经营中，需要重点关注和控制财务费用、管理费用和营业外支出的增长，并积极寻求增加营业外收入的机会，以提高企业的净利润质量。

3.3.3　利润表总体结构分析

1.收入结构分析

（1）分析经常性收入比重

经常性收入主要是指主营业务收入，它具有持续发展的能力。通过这种结构分析，可以评估企业的持续经营能力大小。

（2）分析有效收入比重

会计上的收入是根据权责发生制原则确认的。在市场经济条件下，按照这一原则确认收入可能存在一种情况：收入已确认或体现在报表上，但实际上货款尚未收到甚至出现坏账。这种收入实际上是无效收入。在收入结构分析时，企业应根据经验和相关资料对无效收入进行合理估计。

典型实例3-6　　　　　　　　　分析A公司的收入结构

根据表3-7，对A股份有限公司的收入结构进行分析。

表 3-7 收入结构分析表 金额单位：万元

项目	金额		结构		
	2023年度	2022年度	2023年度	2022年度	变动幅度
营业收入	84 500.00	77 650.00	98.19%	93.14%	5.05%
公允价值变动收益	0.00	0.00	0.00	0.00	0.00
投资收益	139.00	70.00	0.16%	0.08%	0.08%
加：营业外收入	1 420.00	5 650.00	1.65%	6.78%	−5.13%
合计	86 059.00	83 370.00	100.00%	100.00%	0.00

分析要点：

根据表 3-7 所示的数据，可以观察到该企业在 2023 年和 2022 年的营业收入占总收入的比重分别为 98.19% 和 93.14%。其余收入不超过 10%。这表明该企业的主营业务发展前景良好。基于这一数据，我们可以评估该企业的经营方针、经营方向和经营效果，并进一步预测其持续发展的能力。

2. 费用支出结构分析

进行费用结构分析时，需要特别注意费用的确认时间是否合法，费用确认方法是否合理。支出结构是指不同性质的支出在总支出中所占的比例，可以通过以下公式计算：

支出结构=某项支出/支出总额×100%

通过支出类项目结构分析表，可以计算出各项支出项目在总支出中的比重，并观察支出类项目结构的变化情况。同时，我们还可以对比其他同类企业，看看这些变化和差异是否合理。

典型案例 3-7 分析 A 公司的成本费用结构

根据表 3-8，对 A 股份有限公司的成本费用结构进行分析。

表 3-8 成本费用结构分析表 金额单位：万元

项目	金额		结构		
	2023年度	2022年度	2023年度	2022年度	变动幅度
营业成本	70 100.00	66 400.00	89.47%	89.63%	−0.16%
税金及附加	850.00	710.00	1.08%	0.96%	0.12%
销售费用	599.00	565.00	0.76%	0.76%	0.00
管理费用	1 250.00	1 110.00	1.60%	1.50%	0.10%
财务费用	2 870.00	2 390.00	3.66%	3.23%	0.43%

续表

项目	金额		结构		
	2023 年度	2022 年度	2023 年度	2022 年度	变动幅度
资产减值损失	0.00	0.00	0.00	0.00	0.00
营业外支出	240.00	65.00	0.31%	0.09%	0.22%
所得税费用	2 440.00	2 842.50	3.11%	3.84%	−0.73%
合计	78 349.00	74 082.50	100.00%	100.00%	0.00

分析要点：

根据表 3-8 所示的数据，可以观察到 A 股份有限公司 2023 年与 2022 年的成本基本持平。其中，企业营业成本比 2022 年下降了 0.16%，表明企业进行了卓有成效的成本控制。然而，从表 3-8 中也可以看出企业的营业外支出增加了 0.22%，这一部分的支出需要查明原因并采取措施将其降低，以提升企业的盈利能力。

3. 利润结构分析

（1）营业利润

当企业进行多元化经营并且多项业务获得良好发展时，其他业务的利润会弥补主营业务利润较低的不足。如果企业的其他业务利润长期高于主营业务利润，企业应适当考虑进行产业结构调整。此外，还需要关注其他业务利润的用途，是用于发展主营业务还是用于非生产性消费（如购买汽车和高档装修等）。如果是前者，企业的盈利能力会逐渐增强；如果是后者，企业可能缺乏长期的盈利能力。

当企业的营业利润较小时，应重点分析主营业务利润的大小、多种经营的发展情况以及期间费用的多少。如果企业的主营业务利润和其他业务利润都较大，但期间费用较高，这将有可能导致营业利润较小。在这种情况下，需要重点分析销售费用、管理费用和财务费用。

（2）利润总额和净利润

如果一个企业的利润总额和净利润主要来自非营业利润，那么该企业实现利润的真实性和持续性应该引起会计报表分析人员的重视。如果企业在营业利润方面出现亏损，而依靠投资收益获利，那么企业应该肯定之前的投资决策是正确的，但也需要分析内部经营管理存在的问题，以提高企业内部生产经营活动的创新能力。

3.3.4　利润表主要项目分析

1. 营业收入项目分析

从利润质量的角度来进行分析，健康的利润应主要来自主营业务收入，因为它代表了企业的核心盈利能力，具有持续性、稳定性和可预测性。主营业务收入的变动主要受产品销售数量、销售品种和销售单价等因素的影响。

2.费用项目分析

（1）营业成本分析

营业成本作为利润的减项，对于利润的高低具有重要影响。

①主营业务成本。它是指与企业取得收入相关的、已确定归属期对象的成本。通过主营业务成本分析，可以了解企业的产品成本水平，与销售价格进行比较，进而分析产品的盈利情况。

小思考3-1

对主营业务成本进行分析时需要注意什么？

（1）确保收入和相关成本在同一会计期间内同时结转。如果一项交易的收入尚未确认，即使商品已经发出，与其相关的成本也不应该被结转。

（2）需要将主营业务成本与主营业务收入进行配比。通过将两者的差异除以主营业务收入，可以计算出毛利率指标。将毛利率与行业平均值、企业生命周期等因素相结合，来评价主营业务成本的合理性。

（3）注意是否存在成本操纵的现象。

②其他业务成本。分析时主要关注该项目与其他业务收入的配比性。

（2）税金及附加分析

企业在一定时期内取得的营业收入需要缴纳各种税金及附加。如果二者不匹配，可能存在企业逃税的嫌疑。此外，还需要注意各种税额计算的准确性和缴纳的及时性。

典型实例3-8　　　　　　　　分析A公司的税金及附加

根据表3-9，对A股份有限公司进行分析。

表3-9　　　　　　　　　　税金及附加分析表　　　　　　　金额单位：万元

项目	金额		水平分析		垂直分析		
	2023年	2022年	增减额	变动幅度	2023年	2022年	变动幅度
税金及附加	850.00	710.00	140.00	19.72%	1.01%	0.91%	0.10%
营业收入	84 500.00	77 650.00	6 850.00	8.82%	100%	100%	0.00

分析要点：

（1）通过水平分析，可以看出A股份有限公司的税金及附加在2023年达到850万元，比2022年的710万元增加了140万元，增幅为19.72%。这一增幅远高于营业收入的增长速度，说明企业进行了产品结构调整，新产品的税率可能较高。因此，需要具体分析新产品在市场前景和盈利能力方面的情况。

（2）从垂直分析的角度来看，A股份有限公司的税金及附加结构比率从0.91%上升到1.01%，增幅为0.10%。这意味着每增加百元营业收入，税金增加了0.10元。对于税金增加的原因，需要进一步进行分析。根据分析结果，可以进行全面的税收筹划，以应对税金增加的情况。

（3）期间费用分析

①销售费用。在分析销售费用时，应将其增减变动与销售量的变动结合起来，分析这种变动的合理性和有效性。一般来说，在企业业务扩展的情况下，销售费用不应降低。片面追求在特定时期降低费用可能对企业的长期发展不利。

②管理费用。分析管理费用时，最好将体现未来发展的开支项目增减变化与前期进行比较，观察企业的支出水平是否与企业规模相适应。同时，需要对固定管理费用进行效率分析。大多数管理费用属于固定性费用，可以将管理费用与企业营业收入进行配比。在企业的业务量和收入量相对稳定的情况下，有效地控制固定性行政管理费用，将会给企业带来更多的收益。此外，将企业的管理费用与财务预算进行配比，分析管理费用的合理性，管理费用的大小反映了企业的经营管理理念和水平。

③财务费用。财务费用是因企业的筹资活动而发生的。在进行财务费用分析时，应将财务费用的增减变动与企业的筹资活动联系起来，分析财务费用增减变动的合理性和有效性，发现问题并找出原因，采取相应对策以控制和降低费用，提高企业的利润水平。

（4）资产减值损失分析

在分析时，应关注报表附注中的企业资产减值明细表，明确各项减值准备的构成，评估每项减值准备的计提是否充分，是否存在计提不足或过度计提的情况，并与历史减值情况进行对比，观察减值准备是否出现异常变化，以判断企业是否利用资产减值来调节利润。

（5）营业外支出分析

营业外支出的金额一般较小，对企业利润的影响也较弱。然而，如果营业外支出的金额较大，就需要进一步分析是否涉及关联方交易以操纵企业利润。

（6）所得税费用分析

在分析时，应结合资产负债表中的递延所得税资产、递延所得税负债和应交税费项目来评估该项目的质量。需要关注企业对资产负债的计税基础确定是否公允。同时，如果存在非同一控制下的企业合并，递延所得税应进行商誉的调整。对于其他权益工具投资引起的递延所得税，应计入所有者权益，而不能计入所得税费用。此外，对于这两项资产负债的账面价值与计税基础的差额导致的递延所得税，也不能计入所得税费用。

3.利润总额和净利润项目分析

利润总额是收入减去费用后的净额，再加上直接计入当期利润的利得和损失的总和，即：利润=收入-费用+利得-损失。净利润指的是企业所有者最终取得的财务成果，或可供企业所有者分配或使用的财务成果。企业利润项目之间的几种关系及其表现意义如下：

（1）利润总额、营业利润和主营业务利润为正数，表示利润质量较高。

（2）利润总额为负数，而营业利润和主营业务利润为正数，表明企业发生了过多的营业外支出。这种亏损可能是暂时的，但需要引起重视并查明原因。

（3）主营业务利润为正数，而营业利润为负数，表明企业投资出现亏损或费用支出过大。应该分析撤回投资的可能性，并控制费用，确保主营业务的发展。当营业利润为负数而利润总额为正数时，表明企业发生了过多的营业外收入，需要关注企业是否存在利润操纵问题。

（4）主营业务利润为负数，而营业利润为正数，表明企业其他业务利润和投资收益突出，可以弥补主营业务的不足。企业应考虑调整产业结构，寻找好的项目来增加利润。当利润总额为正数时，说明营业外收支相对正常，但应关注具体的营业外收支项目。

（5）主营业务利润和营业利润都为负数，表明企业经营状况恶化。应考虑调整产品结构或转产，否则可能面临破产的风险。在主营业务利润和营业利润为负数的基础上，利润总额为正数，可能是由于营业外收入过多。应重点关注营业外收入项目的变化情况。

（6）主营业务利润、营业利润和利润总额都为负数，表明企业已经陷入危机之中。

本章小结

本章主要介绍了利润表的内容与结构、利润表的编制与填列以及利润表分析。利润表是一种会计报表，用于反映企业在一定会计期间的经营成果。在我国，利润表采用多步式结构。利润表中的各个项目应根据各损益类科目的发生额进行分析和填列。第一步是以营业收入为基础计算营业利润，第二步是以营业利润为基础计算利润总额，第三步是以利润总额为基础计算净利润（或亏损）。

利润表的比较分析可以通过水平利润表和垂直利润表的分析来完成。本章详细说明了对利润表中收入类、成本费用类和利润类项目的分析方法，包括利润表的水平分析、利润表的垂直分析、利润表的总体结构分析和利润表的主要项目分析。在进行利润表分析时，会计信息使用者需要结合各项目的内涵和质量，从内部原因揭示企业利润的变动情况。

本章的重点是根据提供的资料完成利润表的编制，并结合企业的实际情况运用分析方法对利润表进行综合分析。

思考题（思政×业务）

1.党的二十大报告强调高质量发展，如何通过利润表评估企业的经营状况和盈利能力？

2.利润表如何反映企业与社会各方的利益关系和共享成果？

3.利润表编制和分析中是否存在需要改进和创新的方面？

第4章

现金流量表填制与分析

内容导读

现金流量表是会计报表的重要组成部分，用于反映企业在特定会计期间内现金和现金等价物的流入和流出情况。通过分析现金流量表，可以评估企业的盈利能力、资金运作能力和现金流稳定性。

在编制原则上，现金流量表遵循收付实现制原则，将按权责发生制编制的盈利信息调整为按收付实现制编制的现金流量信息，以便让信息使用者了解企业净利润的质量。就内容而言，现金流量表分为经营活动、投资活动和筹资活动三个部分，每个部分又细分为具体项目，这些项目从不同角度反映了企业业务活动的现金流入和流出情况，弥补了资产负债表和利润表提供信息的不足。通过阅读现金流量表，报表使用者能够了解现金流量的影响因素，评估企业的支付能力、偿债能力和周转能力，预测企业未来的现金流量，从而为决策提供有力的依据。

4.1 现金流量表的内容与结构

4.1.1 现金流量表的主要内容

1.经营活动产生的现金流量

经营活动现金流量是指除了企业投资活动和筹资活动之外的所有交易和事项所产生的现金流量，包括销售商品、提供劳务收到的现金，购买商品、接受劳务支付的现金，支付给职工以及为职工支付的现金等。

经营活动所产生的现金流量是企业现金的主要来源。相较于净利润，企业经营活动所产生的现金流量更能真实地反映企业的经营成果。

2.投资活动产生的现金流量

投资活动现金流量主要指企业在非流动资产（通常指使用年限在一年以上的

资产）的购建和处置过程中产生的现金流量。

3.筹资活动产生的现金流量

筹资活动现金流量指的是企业经营过程中产生的与筹资活动相关的现金流量。它反映了企业在资本及债务规模和构成发生变化的活动中所产生的现金流量。

4.1.2 现金流量表的结构

我国财政部发布的相关政策文件中提供的现金流量表结构样式见表4-1。

表4-1 现金流量表 会企03表

编制单位： ＿＿＿＿＿年 单位：元

项目	本期金额	上期金额
一、经营活动产生的现金流量：		
销售商品、提供劳务收到的现金		
收到的税费返还		
收到其他与经营活动有关的现金		
经营活动现金流入小计		
购买商品、接受劳务支付的现金		
支付给职工以及为职工支付的现金		
支付的各项税费		
支付其他与经营活动有关的现金		
经营活动现金流出小计		
经营活动产生的现金流量净额		
二、投资活动产生的现金流量：		
收回投资收到的现金		
取得投资收益收到的现金		
处置固定资产、无形资产和其他非流动资产收回的现金净额		
处置子公司及其他营业单位收到的现金净额		
收到其他与投资活动有关的现金		
投资活动现金流入小计		

项目	本期金额	上期金额
购建固定资产、无形资产和其他非流动资产支付的现金		
投资支付的现金		
取得子公司及其他营业单位支付的现金净额		
支付其他与投资活动有关的现金		
投资活动现金流出小计		
投资活动产生的现金流量净额		
三、筹资活动产生的现金流量：		
吸收投资收到的现金		
取得借款收到的现金		
收到其他与筹资活动有关的现金		
筹资活动现金流入小计		
偿还债务支付的现金		
分配股利、利润或偿付利息支付的现金		
支付其他与筹资活动有关的现金		
筹资活动现金流出小计		
筹资活动产生的现金流量净额		
四、汇率变动对现金及现金等价物的影响		
五、现金及现金等价物净增加额		
加：期初现金及现金等价物余额		
六、期末现金及现金等价物余额		

从表4-1可以看出，企业现金流量表为上下结构，按照以下顺序填列相关项目：首先是经营活动产生的现金流量相关项目，其次是投资活动产生的现金流量相关项目，再次是筹资活动产生的现金流量相关项目，最后填列汇率变动对现金及现金等价物的影响，并计算填列企业当期期末现金及现金等价物余额。与利润表类似，现金流量表中的各项目需要填列两栏数据：一是"本期金额"，表示当期的现金流量发生额；二是"上期金额"，表示年初至当月末各项目的累计现金流量总额。

4.2 现金流量表的编制与填列

4.2.1 现金流量表的编制

现金流量表主表是通过直接法编制而成的，而附表则是通过间接法编制而成的。直接法是通过现金收入和支出的主要类别反映来自企业经营活动、投资活动和筹资活动的现金流量。在使用直接法编制经营活动现金流量时，一般以利润表中的营业收入为起点，调整与经营活动相关的项目的增减变动，从而计算出经营活动的现金流量。间接法以本期净利润为起点，调整不涉及现金的收入、费用、营业外收支等相关项目的增减变动，以此计算出经营活动产生的现金流量。在编制现金流量表时，通常会采用工作底稿法和T形账户法的编制程序。

1.工作底稿法

（1）将资产负债表数据过入工作底稿

主要是将资产负债表的期初数和期末数填入工作底稿的期初数栏和期末数栏。

（2）对当期业务进行分析并编制调整分录

涉及利润表中的收入、成本和费用项目以及资产负债表中的资产、负债和所有者权益项目，通过调整将权责发生制下的收入费用转换为现金基础。涉及资产负债表和现金流量表中的投资和筹资项目，通过调整反映投资和筹资活动的现金流量。涉及利润表和现金流量表中的投资和筹资项目，通过调整将利润表中与投资和筹资相关的收入和费用列入现金流量表的投资和筹资活动现金流量中。此外，还有一些业务形成的调整分录不涉及现金收支，只是为了核对资产负债表项目的期末和期初变动。

小提示4-1

在进行调整分录时，与现金和现金等价物相关的事项并不直接以现金的借记或贷记形式进行记录，而是分别记录在"经营活动产生的现金流量"、"投资活动产生的现金流量"和"筹资活动产生的现金流量"等项目中，即"借记"表明现金流入，"贷记"表明现金流出。

（3）将调整分录录入工作底稿

将调整分录填写到工作底稿的相应部分中。

（4）核对调整分录

对调整分录进行核对，确保借贷金额总计相等。同时，将资产负债表项目的期初数与调整分录中的借贷金额相加减，应该等于期末数。

（5）根据工作底稿编制正式的现金流量表

根据工作底稿中的现金流量表项目部分，编制正式的现金流量表。

2.T形账户法

（1）为所有非现金项目（包括资产负债表项目和利润表项目）分别开设T形账户，并记录各项目的期末、期初变动数。

（2）开设一个大的"现金及现金等价物"T形账户，左边记录经营活动、投资活动和筹资活动的现金流入，右边记录经营活动、投资活动和筹资活动的现金流出。同时，将这三项活动项目各自的期末、期初变动数记录到T形账户中。

（3）以利润表项目为基础，结合资产负债表，分析每个非现金项目的增减变动情况，并根据分析结果编制调整分录。

（4）将调整分录记录到各个T形账户中，并进行核对，确保各T形账户借贷相抵后的余额与原有的期末、期初变动数一致。

（5）根据大的"现金及现金等价物"T形账户，编制出正式的现金流量表。

4.2.2 现金流量表的填列

1.经营活动产生的现金流量项目填列方法

（1）销售商品、提供劳务收到的现金

根据"库存现金""银行存款""应收账款""应收票据""预收款项""主营业务收入""其他业务收入"等科目的记录分析填列，其计算公式为：

$$
\begin{array}{l}
\text{销售商品、} \\
\text{提供劳务} \\
\text{收到的现金}
\end{array}
=
\begin{array}{l}
\text{本期销售商品、} \\
\text{提供劳务} \\
\text{收到的现金}
\end{array}
+
\begin{array}{l}
\text{本期收到的} \\
\text{应收账款} \\
\text{和应收票据}
\end{array}
+
\begin{array}{l}
\text{本期} \\
\text{预收的} \\
\text{账款}
\end{array}
-
\begin{array}{l}
\text{本期销售} \\
\text{退回支付的} \\
\text{现金}
\end{array}
+
\begin{array}{l}
\text{本期收回} \\
\text{前期核销的} \\
\text{坏账损失}
\end{array}
$$

也可以采用以下公式进行计算：

$$
\begin{array}{l}
\text{销售商品、} \\
\text{提供劳务} \\
\text{收到的现金}
\end{array}
=
\begin{array}{l}
\text{销售商品、} \\
\text{提供劳务} \\
\text{产生的收入和} \\
\text{增值税销项税额}
\end{array}
+
\begin{array}{l}
\text{应收账款} \\
\text{本期减少额} \\
\text{（期初余额} \\
\text{－期末余额）}
\end{array}
+
\begin{array}{l}
\text{应收票据} \\
\text{本期减少额} \\
\text{（期初余额} \\
\text{－期末余额）}
\end{array}
+
\begin{array}{l}
\text{预收款项} \\
\text{本期增加额} \\
\text{（期末余额} \\
\text{－期初余额）}
\end{array}
\pm
\begin{array}{l}
\text{特殊} \\
\text{调整} \\
\text{业务}
\end{array}
$$

（2）收到的税费返还

根据"库存现金""银行存款""营业外收入""其他应收款"等科目的记录分析填列。

（3）收到其他与经营活动有关的现金

根据"库存现金""银行存款""营业外收入"等科目的记录分析填列。

（4）购买商品、接受劳务支付的现金

根据"库存现金""银行存款""应付账款""应付票据""预付款项""主营业务成本""其他业务成本"等科目的记录分析填列。其计算公式为：

$$\begin{matrix} 购买商品、 \\ 接受劳务 \\ 支付的现金 \end{matrix} = \begin{matrix} 当期购买商品、 \\ 接受劳务 \\ 支付的现金 \end{matrix} + \begin{matrix} 当期支付 \\ 前期的应付账款 \\ 和应付票据 \end{matrix} + \begin{matrix} 当期 \\ 预付的 \\ 账款 \end{matrix} - \begin{matrix} 当期因 \\ 购货退回 \\ 收到的现金 \end{matrix}$$

也可以采用以下公式计算：

$$\begin{matrix} 购买商品、 \\ 接受劳务 \\ 支付的现金 \end{matrix} = \begin{matrix} 购买商品、 \\ 接受劳务产生的 \\ "销售成本和 \\ 增值税进项税额" \end{matrix} + \begin{matrix} 应付账款 \\ 本期减少额 \\ （期初余额 \\ -期末余额） \end{matrix} + \begin{matrix} 应付票据 \\ 本期减少额 \\ （期初余额 \\ -期末余额） \end{matrix} + \begin{matrix} 预付款项 \\ 本期增加额 \\ （期末余额 \\ -期初余额） \end{matrix} + \begin{matrix} 存货本期 \\ 增加额 \\ （期末余额 \\ -期初余额） \end{matrix} \pm \begin{matrix} 特殊 \\ 调整 \\ 业务 \end{matrix}$$

（5）支付给职工以及为职工支付的现金

根据"应付职工薪酬""库存现金""银行存款"等科目的记录分析填列。企业为职工支付的养老、失业等社会保险基金、补充养老保险、住房公积金，支付给职工的住房困难补助，以及企业支付给职工或为职工支付的其他福利费用等，应按职工的工作性质和服务对象，分别在该项目和在"购建固定资产、无形资产和其他非流动资产支付的现金"项目中反映。

（6）支付的各项税费

根据"应交税费""库存现金""银行存款"等科目的记录分析填列。

（7）支付其他与经营活动有关的现金

根据"库存现金""银行存款""管理费用""营业外支出"等科目的记录分析填列。

（8）经营活动产生的现金流量净额

在上述四个经营活动现金流出项目填列完成后，紧接着就可将这四个项目的现金流出量相加，计算填列"经营活动现金流出小计"项目。同时，要根据经营活动现金流入小计和经营活动现金流出小计，计算填列"经营活动产生的现金流量净额"项目。其计算公式为：

经营活动产生的现金流量净额=经营活动产生的现金流入量-经营活动产生的现金流出量

2.投资活动产生的现金流量项目填列方法

（1）收回投资收到的现金

收回投资收到的现金可以通过以下公式计算填列：

收回投资收到的现金=收回金融资产收到的现金+收回长期投资收到的现金

（2）取得投资收益收到的现金

根据"投资收益""库存现金""银行存款"等科目分析填列。

（3）处置固定资产、无形资产和其他非流动资产收回的现金净额

根据"固定资产清理""库存现金""银行存款"等科目的记录分析填列。可通过以下公式计算求得：

$$\begin{matrix} 处置固定资产、 \\ 无形资产和其他非流动 \\ 资产收回的现金净额 \end{matrix} = \begin{matrix} 处置固定资产、 \\ 无形资产和其他 \\ 非流动资产收到的现金 \end{matrix} - \begin{matrix} 相关费用(包括灾害造成 \\ 固定资产及非流动 \\ 资产损失收到的保险赔偿) \end{matrix}$$

（4）处置子公司及其他营业单位收到的现金净额

根据"长期股权投资""银行存款""库存现金"等科目的记录分析填列。

（5）收到其他与投资活动有关的现金

根据"应收股利""应收利息""银行存款""库存现金"等科目的记录分析填列。

（6）购建固定资产、无形资产和其他非流动资产支付的现金

根据"固定资产""在建工程""无形资产""库存现金""银行存款"等科目的记录分析填列。

（7）投资支付的现金

根据"长期股权投资""长期债权投资""持有至到期投资""库存现金""银行存款"等科目的记录分析填列。

（8）取得子公司及其他营业单位支付的现金净额

根据"长期股权投资""库存现金""银行存款"等科目的记录分析填列。

（9）支付其他与投资活动有关的现金

根据"应收股利""应收利息""银行存款""库存现金"等科目的记录分析填列。

（10）投资活动产生的现金流量净额

投资活动产生的现金流量净额可用以下公式计算求得：

投资活动产生的现金流量净额=投资活动产生的现金流入量–投资活动产生的现金流出量

3.筹资活动产生的现金流量项目填列方法

（1）吸收投资收到的现金

根据"实收资本（或股本）""库存现金""银行存款"等科目的记录分析填列。注意，该项目不再反映发行债券收到的款项。

（2）取得借款收到的现金

根据"短期借款""长期借款""交易性金融负债""应付债券""库存现金""银行存款"等科目的记录分析填列。

（3）收到其他与筹资活动有关的现金

根据"银行存款""库存现金"等科目的记录分析填列。

（4）偿还债务支付的现金

根据"短期借款""长期借款""应付债券""库存现金""银行存款"等科目的记录分析填列。

（5）分配股利、利润或偿付利息支付的现金

根据"应付股利""应付利息""财务费用""库存现金""银行存款"等科目的记录分析填列。

（6）支付其他与筹资活动有关的现金

根据"银行存款""营业外支出""长期应付款""库存现金"等科目的记录分析填列。

4.其他项目填列方法

（1）汇率变动对现金的影响

该项目反映企业经营过程中因汇率变动而使现金及现金等价物的价值发生变化引起的现金流量变化。

（2）现金及现金等价物净增加额

现金的期末余额=资产负债表"货币资金"期末余额

现金的期初余额=资产负债表"货币资金"期初余额

现金及现金等价物的净增加额=现金的期末余额−现金的期初余额

一般企业很少有现金等价物，故该公式未考虑此因素，如有则应相应填列。

知识延伸4-1

4.3 现金流量表分析

4.3.1 现金流量表水平结构分析

现金流量表的水平结构分析方法与资产负债表和利润表的水平结构分析方法相同。

典型实例4-1 编制A公司的现金流量水平分析表

根据表4-2给出的A股份有限公司的数据，编制该公司的现金流量水平分析表。

表4-2 现金流量表

编制单位：A股份有限公司　　　2022—2023年　　　单位：万元

项目		2023年	2022年
一、经营活动产生的现金流量	销售商品、提供劳务收到的现金	73 570.00	63 050.00
	收到的税费返还	0.00	0.00
	收到其他与经营活动有关的现金	3 450.00	0.00
	经营活动现金流入小计	77 020.00	63 050.00
	购买商品、接受劳务支付的现金	63 000.00	56 010.00
	支付给职工以及为职工支付的现金	845.00	640.00

	项目	2023年	2022年
一、经营活动产生的现金流量	支付的各项税费	1 405.00	770.00
	支付其他与经营活动有关的现金	1 962.00	0.00
	经营活动现金流出小计	67 213.00	57 420.00
	经营活动产生的现金流量净额	9 807.00	5 630.00
二、投资活动产生的现金流量	收回投资收到的现金	72.00	0.00
	取得投资收益收到的现金	138.00	29.00
	处置固定资产、无形资产和其他非流动资产收回的现金净额	138.00	1 788.00
	处置子公司及其他营业单位收到的现金净额	0.00	0.00
	收到其他与投资活动有关的现金	0.00	0.00
	投资活动现金流入小计	348.00	1 817.00
	购建固定资产、无形资产和其他非流动资产支付的现金	10 490.00	8 430.00
	投资支付的现金	820.00	0.00
	取得子公司及其他营业单位支付的现金净额	0.00	0.00
	支付其他与投资活动有关的现金	0.00	0.00
	投资活动现金流出小计	11 310.00	8 430.00
	投资活动产生的现金流量净额	−10 962.00	−6 613.00
三、筹资活动产生的现金流量	吸收投资收到的现金	0.00	0.00
	取得借款收到的现金	7 355.00	5 650.00
	收到其他与筹资活动有关的现金	0.00	0.00
	筹资活动现金流入小计	7 355.00	5 650.00
	偿还债务支付的现金	720.00	720.00
	分配股利、利润或偿付利息支付的现金	3 840.00	3 140.00
	支付其他与筹资活动有关的现金	699.00	345.00
	筹资活动现金流出小计	5 259.00	4 205.00
	筹资活动产生的现金流量净额	2 096.00	1 445.00

项目	2023年	2022年
四、汇率变动对现金的影响	0.00	0.00
五、现金及现金等价物净增加额	941.00	462.00
加：年初现金及现金等价物余额	1 002.00	540.00
六、期末现金及现金等价物余额	1 943.00	1 002.00

分析要点：

该公司的现金流量水平分析表见表4-3。

表4-3　　　　　　　　　　　　现金流量水平分析表　　　　　　　　金额单位：万元

项目		2023年	2022年	变动额	变动幅度
一、经营活动产生的现金流量	销售商品、提供劳务收到的现金	73 570.00	63 050.00	10 520.00	16.69%
	收到的税费返还	0.00	0.00	0.00	0.00
	收到其他与经营活动有关的现金	3 450.00	0.00	3 450.00	100.00%
	经营活动现金流入小计	77 020.00	63 050.00	13 970.00	22.16%
	购买商品、接受劳务支付的现金	63 000.00	56 010.00	6 990.00	12.48%
	支付给职工以及为职工支付的现金	845.00	640.00	205.00	32.03%
	支付的各项税费	1 405.00	770.00	635.00	82.47%
	支付其他与经营活动有关的现金	1 962.00	0.00	1 962.00	100.00%
	经营活动现金流出小计	67 213.00	57 420.00	9 793.00	17.06%
	经营活动产生的现金流量净额	9 807.00	5 630.00	4 177.00	74.19%
二、投资活动产生的现金流量	收回投资收到的现金	72.00	0.00	72.00	100.00%
	取得投资收益收到的现金	138.00	29.00	109.00	375.86%
	处置固定资产、无形资产和其他非流动资产收回的现金净额	138.00	1 788.00	-1 650.00	-92.28%
	处置子公司及其他营业单位收到的现金净额	0.00	0.00	0.00	0.00
	收到其他与投资活动有关的现金	0.00	0.00	0.00	0.00
	投资活动现金流入小计	348.00	1 817.00	-1 469.00	-80.85%
	购建固定资产、无形资产和其他非流动资产支付的现金	10 490.00	8 430.00	2 060.00	24.44%

项目		2023年	2022年	变动额	变动幅度
二、投资活动产生的现金流量	投资支付的现金	820.00	0.00	820.00	100.00%
	取得子公司及其他营业单位支付的现金净额	0.00	0.00	0.00	0.00
	支付其他与投资活动有关的现金	0.00	0.00	0.00	0.00
	投资活动现金流出小计	11 310.00	8 430.00	2 880.00	34.16%
	投资活动产生的现金流量净额	−10 962.00	−6 613.00	−4 349.00	65.76%
三、筹资活动产生的现金流量	吸收投资收到的现金	0.00	0.00	0.00	0.00
	取得借款收到的现金	7 355.00	5 650.00	1 705.00	30.18%
	收到其他与筹资活动有关的现金	0.00	0.00	0.00	0.00
	筹资活动现金流入小计	7 355.00	5 650.00	1 705.00	30.18%
	偿还债务支付的现金	720.00	720.00	0.00	0.00
	分配股利、利润或偿付利息支付的现金	3 840.00	3 140.00	700.00	22.29%
	支付其他与筹资活动有关的现金	699.00	345.00	354.00	102.61%
	筹资活动现金流出小计	5 259.00	4 205.00	1 054.00	25.07%
	筹资活动产生的现金流量净额	2 096.00	1 445.00	651.00	45.05%
四、汇率变动对现金的影响		0.00	0.00	0.00	0.00
五、现金及现金等价物净增加额		941.00	462.00	479.00	103.68%
加：年初现金及现金等价物余额		1 002.00	540.00	462.00	85.56%
六、期末现金及现金等价物余额		1 943.00	1 002.00	941.00	93.91%

从表4-3可以看出，该企业2023年现金及现金等价物净增加额比2022年增加479万元。经营活动、投资活动和筹资活动产生的现金流量净额较2022年的变动额分别为4 177万元、−4 349万元和651万元。

典型实例4-2　　　　分析A公司现金流量表水平变动情况

根据表4-3，对该企业现金流量表水平变动情况进行评价分析。

分析要点：

（1）2023年，A股份有限公司经营活动产生的现金流量净额比2022年增长了4 177万元，增长率为74.19%。经营活动现金流入和现金流出分别比2022年增长了 22.16% 和 17.06%，增长额分别为 13 970 万元和 9 793 万元。其中，经营活动现金流入的增加主要是由于销售商品和提供劳务收到的现金增加了 10 520 万元，增长率为 16.69%；同时，收到其他与经营活动有关的现金增加了 3 450 万元，增长率为 100%。经营活动现金流出的增加主要是由于购买商品和接受劳务支付的现金增加了 6 990 万元，增长率为 12.48%；另外，支付其他与经营活动有关的现金增加了 1 962 万元，增长率为 100%，支付给职工以及为职工支付的现金以及支付的各项税费也有不同程度的增加。

（2）投资活动产生的现金流量净额比 2022 年减少了 4 349 万元，主要原因是处置固定资产、无形资产和其他非流动资产收回的现金净额减少了 92.28%，计 1 650 万元；其他项目的增加数额较小，可以忽略不计。另外，购建固定资产、无形资产和其他非流动资产支付的现金增加了 2 060 万元，增长率为 24.44%；投资支付的现金增长了 100%，计 820 万元。

（3）筹资活动产生的现金流量净额比 2022 年增长了 651 万元，主要原因是 2023 年取得借款收到的现金较 2022 年增加了 1 705 万元。

4.3.2　现金流量表垂直结构分析

垂直分析方法主要采用比率分析法，通过评估这些比例的合理性程度来反映企业现金流量的水平。

典型实例4-3　　　　　　　**编制 A 公司现金流量垂直分析表**

根据表 4-2 给出的数据，编制该企业现金流量垂直分析表。

分析要点：

该企业的现金流量垂直分析表见表 4-4。

表4-4　　　　　　　　　　现金流量垂直分析表　　　　　　　　金额单位：万元

项目		全额		结构	
		2023年	2022年	2023年度	2022年度
一、经营活动产生的现金流量	销售商品、提供劳务收到的现金	73 570.00	63 050.00	3 786.41%	6 292.42%
	收到的税费返还	0.00	0.00	0.00	0.00
	收到其他与经营活动有关的现金	3 450.00	0.00	177.56%	0.00
	经营活动现金流入小计	77 020.00	63 050.00	3 963.97%	6 292.42%
	购买商品、接受劳务支付的现金	63 000.00	56 010.00	3 242.41%	5 589.82%
	支付给职工以及为职工支付的现金	845.00	640.00	43.49%	63.87%
	支付的各项税费	1 405.00	770.00	72.31%	76.85%

项目		金额		结构	
		2023 年	2022 年	2023 年度	2022 年度
一、经营活动产生的现金流量	支付其他与经营活动有关的现金	1 962.00	0.00	100.98%	0.00
	经营活动现金流出小计	67 213.00	57 420.00	3 459.24%	5 730.54%
	经营活动产生的现金流量净额	9 807.00	5 630.00	504.73%	561.88%
二、投资活动产生的现金流量	收回投资收到的现金	72.00	0.00	3.71%	0.00
	取得投资收益收到的现金	138.00	29.00	7.10%	2.89%
	处置固定资产、无形资产和其他非流动资产收回的现金净额	138.00	1 788.00	7.10%	178.44%
	处置子公司及其他营业单位收到的现金净额	0.00	0.00	0.00	0.00
	收到其他与投资活动有关的现金	0.00	0.00	0.00	0.00
	投资活动现金流入小计	348.00	1 817.00	17.91%	181.34%
	购建固定资产、无形资产和其他非流动资产支付的现金	10 490.00	8 430.00	539.89%	841.32%
	投资支付的现金	820.00	0.00	42.20%	0.00
	取得子公司及其他营业单位支付的现金净额	0.00	0.00	0.00	0.00
	支付其他与投资活动有关的现金	0.00	0.00	0.00	0.00
	投资活动现金流出小计	11 310.00	8 430.00	582.09%	841.32%
	投资活动产生的现金流量净额	−10 962.00	−6 613.00	−564.18%	−659.98%
三、筹资活动产生的现金流量	吸收投资收到的现金	0.00	0.00	0.00	0.00
	取得借款收到的现金	7 355.00	5 650.00	378.54%	563.87%
	收到其他与筹资活动有关的现金	0.00	0.00	0.00	0.00
	筹资活动现金流入小计	7 355.00	5 650.00	378.54%	563.87%
	偿还债务支付的现金	720.00	720.00	37.06%	71.86%
	分配股利、利润或偿付利息支付的现金	3 840.00	3 140.00	197.63%	313.37%

项目		金额		结构	
		2023 年	2022 年	2023 年度	2022 年度
三、筹资活动产生的现金流量	支付其他与筹资活动有关的现金	699.00	345.00	35.98%	34.43%
	筹资活动现金流出小计	5 259.00	4 205.00	270.66%	419.66%
	筹资活动产生的现金流量净额	2 096.00	1 445.00	107.87%	144.21%
四、汇率变动对现金的影响		0.00	0.00	0.00	0.00
五、现金及现金等价物净增加额		941.00	462.00	48.43%	46.11%
加：年初现金及现金等价物余额		1 002.00	540.00	51.57%	53.89%
六、期末现金及现金等价物余额		1 943.00	1 002.00	100.00%	100.00%

根据表 4-4 的数据，可以看出 A 股份有限公司 2023 年的现金及现金等价物净增加额占期末现金及现金等价物余额的比例为 48.43%，相较于 2022 年上涨了 2.32%。这表明企业的现金流入有所增加，销售呈上升趋势，市场份额扩大，资金回笼速度较快。在这种情况下，经营活动产生的现金流量净额占期末现金及现金等价物余额的比例很大，为配合扩大销售需要筹集更多资金用于扩大市场，该企业筹资活动产生的现金流量净额从 2022 年的 1 445 万元增加到了 2023 年的 2 096 万元。通过对经营活动和筹资活动的分析，进一步观察投资活动，可以发现该企业的投资活动出现了现金流量净额的负增长。这是因为在 2023 年，该企业为了提升生产能力，大量投入了购建固定资产、无形资产和其他非流动资产的现金，从 2022 年的 8 430 万元增加到了 2023 年的 10 490 万元。

4.3.3　现金流量表总体结构分析

首先对现金及现金等价物净增加额、现金流入和现金流出进行分析，然后综合分析现金流量表中各模块的现金流量净值情况。

1.现金及现金等价物净增加额分析

现金及现金等价物净增加额分析是指对企业各项现金流量净额进行分析，包括经营活动、投资活动和筹资活动产生的现金流量净额在当期全部现金净流量中所占比例，这些比例反映了各项活动对当期现金净流量的贡献程度。

2.现金流入结构分析

通过分别计算经营活动现金流入量、投资活动现金流入量和筹资活动现金流入量占现金流入总量的比重进行分析，计算公式为：

各项目现金流入量占总现金流入量比重=该项目现金流入量/总现金流入量×100%

典型实例4-4 　　　　　　　　　　　分析A公司的现金流入

根据表4-5，对该企业的现金流入进行分析。

表4-5　　　　　　　　　　　企业现金流入分析表　　　　　　　　金额单位：万元

项目	金额		水平分析		垂直分析		
	2023年	2022年	增长额	增长率	2023年	2022年	结构变动
经营活动现金流入	77 020.00	63 050.00	13 970.00	22.16%	90.91%	89.41%	1.50%
投资活动现金流入	348.00	1 817.00	-1 469.00	-80.85%	0.41%	2.58%	-2.17%
筹资活动现金流入	7 355.00	5 650.00	1 705.00	30.18%	8.68%	8.01%	0.67%
现金流入总量	84 723.00	70 517.00	14 206.00	20.15%	100.00%	100.00%	0.00%

分析要点：

根据表4-5可以观察到，企业的现金流入总量从2022年的70 517万元增长到2023年的84 723万元，增加了14 206万元，增长率达到20.15%。总体来讲，现金流入总量增长比较快，表明企业的现金流获取能力显著增强。

从各项目来看，2023年的经营活动现金流入量为77 020万元，比2022年的63 050万元增加了13 970万元，增长率为22.16%，略高于现金流入总量的增长率，说明企业在经营活动中获取现金的能力较强。筹资活动现金流入量从2022年的5 650万元增长到2023年的7 355万元，增加了1 705万元，增长率为30.18%，高于经营活动现金流入量的增长率，表明企业对外部资金的依赖增强，可能处于扩张期或转型期。投资活动现金流入量从2022年的1 817万元下降到2023年的348万元，减少了1 469万元，下降幅度为80.85%，可能是企业经营趋于稳健型的调整。

另外，2023年经营活动现金流入量的结构比率为90.91%，比2022年的89.41%提高了1.5%，两年都保持在90%左右的高水平，始终占据主导地位，表明经营活动正常开展，盈利能力较强。筹资活动现金流入量的结构比率为8.68%，比2022年的8.01%提高了0.67%，表明企业对外融资能力增强，2023年8.68%的结构比率相对于经营活动现金流入量90.91%的结构比率来讲还是相对较低的，说明企业的现金收入主要依靠经营现金流，具备较强的自给自足能力。投资活动现金流入量的结构比率仅为0.41%，对现金流入总量影响不大，如果需要进一步了解企业的现金流入情况，还需要进行项目分析。

3.现金流出结构分析

分别计算经营活动、投资活动和筹资活动现金流出量占现金流出总量的比重，反映现金流出的具体去向，计算公式为：

各项目现金流出量占总现金流出量比重=该项目现金流出量/总现金流出量×100%

一般情况下，经营活动现金流出量所占比重较大是正常现象。如果投资活动现金流出较大，这意味着企业加大了投资力度，可能会带来未来的收益增长，具有一定的成长潜力，但同时也存在一定的投资风险。如果筹资活动现金流出较大，说明企业正处于还款期或增加了股利（或利润）的分配力度。

典型实例4-5　　　　　　　　　　分析A公司的现金流出

根据表4-6，对该企业的现金流出进行分析。

表4-6　　　　　　　　　　　企业现金流出分析表　　　　　　金额单位：万元

项目	金额		水平分析		垂直分析		
	2023年	2022年	增长额	增长率	2023年	2022年	结构变动
经营活动现金流出	67 213.00	57 420.00	9 793.00	17.06%	80.22%	81.96%	-1.74%
投资活动现金流出	11 310.00	8 430.00	2 880.00	34.16%	13.50%	12.03%	1.47%
筹资活动现金流出	5 259.00	4 205.00	1 054.00	25.07%	6.28%	6.00%	0.28%
现金流出总量	83 782.00	70 055.00	13 727.00	19.59%	100.00%	100.00%	0.00

分析要点：

根据表4-6可以观察到，企业的现金流出总量从2022年的70 055万元增长到2023年的83 782万元，增加了13 727万元，增长率为19.59%。与现金流入总量增长率20.15%相比，现金流出总量的增长率略低，表明企业对现金流出进行了较好的控制，属于正常情况。

从各项目来看，2023年的经营活动现金流出量为67 213万元，比2022年的57 420万元增加了9 793万元，增长率为17.06%，低于经营活动现金流入量的增长率，说明企业的经营进入了良性循环，不仅现金流在增加，而且企业的盈利能力也在增强。筹资活动现金流出量从2022年的4 205万元增长到2023年的5 259万元，增加了1 054万元，增长率为25.07%，低于筹资活动现金流入量的增长率，表明企业吸收资本或举债的步伐在加快。投资活动现金流出量从2022年的8 430万元增长到2023年的11 310万元，增加了2 880万元，增长幅度为34.16%，高于现金流出总量的增长率，表明企业的内部生产能力或对外投资扩张速度在加快。

另外，2023年经营活动现金流出量的结构比率为80.22%，比2022年的81.96%下降了1.74%。尽管2023年和2022年经营活动现金流出量的结构比率一直保持在较高水平的80%左右，但可以看到这一比率有所下降，表明企业的生产经营状况正常，并且获利能力在增强。筹资活动现金流出量的结构比率在2023年为6.28%，比2022年的6.00%提升了0.28%。这表明企业适当增加了偿债力度，具备较强的偿债能力。投资活动现金流出量的结构比率从2022年的

12.03%增长到2023年的13.50%，增长了1.47%。这表明企业的投资能力在增强。相对于经营活动现金流出量结构比率80.22%来说，筹资和投资活动现金流出量的结构比率较低，说明企业的现金流出主要用于生产经营，这种结构相对较好。如果要进一步了解企业现金流出情况，还需要分项目进行分析。

4.现金流量表综合分析

根据经营活动产生的现金流量净额、投资活动产生的现金流量净额和筹资活动产生的现金流量净额的正负情况，现金流量表的总体结构特征可分为如表4-7所示的几种情况。

表4-7　　　　　　　　　　　　现金流量表综合分析

现金流量方向			评价分析
经营活动	投资活动	筹资活动	
正	正	正	筹资能力强，经营与投资收益良好，财务风险小，应关注筹集资金的去向
正	正	负	产品销售市场稳定，进入投资回收期，经营和投资收入良性循环，处于债务偿还期，财务风险小。企业进入成熟期
正	负	正	销售快速上升，经营活动大量现金回笼，为扩大市场份额，企业需要大量追加投资，财务风险较小。企业处于扩张期
正	负	负	企业经营状况良好，可在偿还债务的同时继续投资，财务风险小。应密切关注经营活动
负	正	正	企业借债维持经营活动所需资金，财务状况可能恶化，财务风险大，投资活动现金流入增加是亮点，但要分析是来源于投资收益还是投资收回
负	正	负	产品销售市场占有率下降，经营活动现金流入小于流出，同时企业为了偿还债务不得不大规模收回投资，财务风险极大。企业处于衰退期
负	负	正	有两种情况：一种是企业处于初创阶段，需要投入大量资金；另一种是企业处于衰退阶段，靠举债维持日常经营活动，财务风险较大
负	负	负	企业盲目扩张后，由于市场预测失误等原因，造成经营活动现金流出大于流入，投资效益低下造成亏损，财务状况异常危险，到期债务不能偿还，财务风险极大

4.3.4 现金流量表主要项目分析

1.经营活动现金流量项目分析

（1）销售商品、提供劳务收到的现金

销售商品、提供劳务收到的现金项目是指企业从事正常经营活动所获得的与销售商品和提供劳务等业务收入相关的现金收入，包括在本期发生的业务并在本期收到的现金收入，以及在以前会计期间发生但在本期收到的款项，还包括在本期已经预收了业务款项的现金收入等。这些现金收入是企业日常经营活动中持续性的现金流入来源。

（2）收到的税费返还

收到的税费返还这一部分主要披露了企业当期收到的各种税费返还款项，包括增值税返还、消费税返还、所得税返还等。这些返还款项体现了企业在税收方面享受政策优惠后所获得的已缴税费的回流金额。

（3）收到其他与经营活动有关的现金

收到其他与经营活动有关的现金项目反映了企业除了销售商品、提供劳务收到的现金和收到的税费返还之外，在经营活动中所获得的其他现金流入。这些现金流入可以包括罚款收入、流动资产损失中由个人赔偿的收入等。相对于企业的经营活动现金流入量而言，这部分资金来源所占比重很小，并且通常带有一定程度上的偶然性。

（4）购买商品、接受劳务支付的现金

购买商品、接受劳务支付的现金项目反映了企业在正常经营活动中支付的与购买商品和接受劳务等业务活动相关的现金流出，包括在本期发生且在本期需要支付的现金，以及在以前会计期间发生但在本期才支付的款项，还包括至今尚未发生但在本期已经预付了业务款项的现金支出等。与"销售商品、提供劳务收到的现金"相对应，"购买商品、接受劳务支付的现金"是企业正常运营和生产所必需的资金流出，也是企业获得经营业务收入的物质基础与劳务保证。

（5）支付给职工以及为职工支付的现金

支付给职工以及为职工支付的现金是指企业在当期实际支付给从事生产经营活动的在职职工的工资、奖金、津贴和补贴，以及为这些职工支付的养老保险、失业保险、商业保险、住房公积金、困难补助等各种相关费用的现金。职工是企业生产经营活动中不可或缺的具体实施者。支付给职工以及为职工支付的现金是确保劳动者自身生存和再生产所必需的支出，因此也属于企业持续性的现金支出项目。

（6）支付的各项税费

支付的各项税费是指企业按规定在当期以现金形式缴纳的各类相关税费，包括所得税、增值税、房产税、土地增值税、车船使用税、印花税、教育费附加、城市建设维护费等。这些税费反映了企业所承担的实际税费负担。

（7）支付其他与经营活动有关的现金

支付其他与经营活动有关的现金是指企业除了购买商品、接受劳务所支付的现金，支付给职工以及为职工支付的现金，支付的各项税费之外，在经营活动中发生的其他现金流出，包括支付给离退休人员的各项费用、罚款支出、差旅费和业务招待费支出、保险费支出等。

经营活动现金流量的最大特点是与企业日常营运活动直接相关。不论是现金流入还是流出，都反映了企业在维持当前的生产能力和规模下对现金及其等价物的获取和支出水平。

典型实例4-6 分析A公司的经营活动现金流量

以A股份有限公司为例，分析该企业经营活动现金流量，见表4-8。

表4-8 企业经营活动现金流量分析表 金额单位：万元

项目	金额		水平分析		垂直分析		
	2023年	2022年	增长额	增长率	2023年	2022年	结构变动
销售商品、提供劳务收到的现金	73 570.00	63 050.00	10 520.00	16.69%	95.52%	100.00%	-4.48%
收到的税费返还	0.00	0.00	0.00	0.00	0.00	0.00	0.00
收到其他与经营活动有关的现金	3 450.00	0.00	3 450.00	100.00%	4.48%	0.00	4.48%
经营活动现金流入小计	77 020.00	63 050.00	13 970.00	22.16%	100.00%	100.00%	0.00
购买商品、接受劳务支付的现金	63 000.00	56 010.00	6 990.00	12.48%	93.73%	97.54%	-3.81%
支付给职工以及为职工支付的现金	845.00	640.00	205.00	32.03%	1.26%	1.11%	0.15%
支付的各项税费	1 405.00	770.00	635.00	82.47%	2.09%	1.34%	0.75%
支付其他与经营活动有关的现金	1 962.00	0.00	1 962.00	100.00%	2.92%	0.00	2.92%
经营活动现金流出小计	67 213.00	57 420.00	9 793.00	17.06%	100.00%	100.00%	0.00
经营活动产生的现金流量净额	9 807.00	5 630.00	4 177.00	74.19%			

分析要点：

根据表4-8的数据可以看出，2023年经营活动现金净流量为9 807万元，大于零，并且比2022年的5 630万元增长了4 177万元，增长率达到74.19%。这表明企业的成长性较好。2023年销售商品、提供劳务收到的现金增长率为16.69%，比购买商品、接受劳务支付的现金的增长率12.48%高4.21%。这说明企业的销售利润增加，销售回款情况良好。

另外，2023年销售商品、提供劳务收到的现金占经营活动现金流入总额的比重为95.52%，表明企业主营业务突出，营销状况良好。而购买商品、接受劳务支付的现金占经营活动现金流出总额的比重为93.73%，表明企业的主营业务也很好。支付给职工以及为职工支付的现金占经营活动现金流出总额的比重增长了0.15%，表明企业的人工成本有所提高。但是，2023年的比重仅为1.26%，说明企业的人工成本比重较小，劳动效率较高。支付的各项税费占经营活动现金流出总额的比重增长了0.75%，表明企业支付的税费有所增加。但是，2023年的比重仅为2.09%，说明公司的税负并不重。

2.投资活动现金流量项目分析

（1）收回投资所收到的现金

这一项目指的是企业在当期收回其持有的对外股权或债权投资所收到的现金，包括出售或转让长期股权投资和非现金等价物的短期股权投资所收到的现金，出售或转让各类债权投资所收到的现金，以及到期收回的持有至到期投资的本金等。

（2）取得投资收益所收到的现金

这一项目指的是企业基于各种对外投资获得的现金股利、利息，以及从被投资方分配的利润所获得的现金等。

（3）处置固定资产、无形资产和其他非流动资产收回的现金净额

这项现金流入与企业的日常运营没有直接必然的联系，通常也不具有持续性。因此，在分析企业未来获取现金能力时，不应过于考虑这个指标。然而，如果这项现金流入金额过大，可能意味着企业通过大量处置现有的固定资产、无形资产等来压缩生产经营规模，或者为转变经营方向进行相应的调整。虽然这对当期的经营活动没有明显影响，但完全有可能对企业未来的经营活动以及相应的经营性现金流量产生影响。

（4）收到的其他与投资活动有关的现金

这一项目反映了除前面三项内容之外，企业所收到的其他与投资活动有关的现金流入。这一项目的金额通常不大或很少出现，对企业现金流量的总体影响相对较小。

（5）购建固定资产、无形资产和其他非流动资产支付的现金

这一项目包括企业在当期由于购置或自行建造固定资产、获取无形资产和其他非流动资产而直接支付的现金金额。

（6）投资所支付的现金

作为企业当期的现金流出，投资所支付的现金也意味着企业未来可能获得股息、利息、利润，以及转让或出售投资所得的现金流入。

（7）支付的其他与投资活动有关的现金

这类现金流出金额通常很小，甚至几乎没有，并且不具有经常性，对企业的

现金流量影响非常微弱。

3.筹资活动现金流量项目分析

（1）吸收投资所收到的现金

吸收投资所收到的现金指的是企业通过发行股票、发行债券等方式所获得的投资者投入的现金总量。这个数额是扣除佣金和发行费用支出后的净现金收入。如果吸收投资所收到的现金数额过大，报表使用者应充分考虑和分析企业未来获取现金、偿付本息的能力，以及大量资金流出对企业正常经营可能产生的负面影响。

（2）取得借款所收到的现金

企业在获得目前可供使用的资金的同时，也会面临未来按期偿还本金和支付利息的资金压力，即当前的现金流入会导致未来相应的现金流出。

（3）收到的其他与筹资活动有关的现金

这类现金流入通常在企业筹资活动现金流入中所占比重很小，有时甚至不会出现。

（4）偿还债务所支付的现金

偿还债务所支付的现金反映了企业在当期偿还已经到期的各项债务本金所产生的现金支出金额。

（5）分配股利、利润或偿付利息所支付的现金

该项目是指企业以吸收投资或借款的方式获得投资者或债权人资金的使用权，对此需要支付相应的使用费用，包括以现金形式支付给股东的股利、利润，以及支付给债权人的借款利息或债券利息等。

（6）支付的其他与筹资活动有关的现金

该项目是指除了偿还债务所支付的现金，分配股利、利润或偿付利息所支付的现金之外，由其他与筹资活动有关的情况而导致的现金流出。例如，企业为发行股票支付的审计费、咨询费，以及对外捐款所支付的现金，企业为购建固定资产、无形资产等而发生的可以资本化的借款利息支出，以及以融资租赁形式租入固定资产而支付的租赁费等。

4.现金流量表的补充资料分析

现金流量表的补充资料是以净利润为起点，通过对影响利润或现金流量的一些相关项目金额的调整，倒推出经营活动现金净流量。这部分资料既与主表中经营活动现金净流量对应，又反映了企业当期发生的不涉及现金收支的投资和筹资活动信息。这些活动在当期虽然不涉及现金收支，但可能对企业未来各期的现金流量产生明显的影响。

本章小结

本章主要介绍了现金流量表的内容与结构、现金流量表的编制与填列以及现

金流量表分析。现金流量表反映了企业在经营活动、投资活动和筹资活动中的现金流量。通过对现金流量表的分析，有助于了解企业的偿债能力和营运能力，分析企业盈利的质量，预测企业未来的现金流量，为投资者和债权人的决策提供必要的信息。现金流量表分析的方法有很多，主要包括现金流量表的水平结构分析、垂直结构分析、总体结构分析和主要项目分析。对于现金流量表的结构分析，目的在于揭示现金流入量和现金流出量的结构情况，从而抓住企业现金流量管理的重点。在进行分析时，需要结合各项目的内涵和质量，从内部原因揭示企业现金及现金等价物的变动情况。现金流量表项目分析是按照现金流量的项目或类别，分析各类业务活动的现金流入与流出状况及其产生的原因。

本章的重点是根据提供的资料完成现金流量表的编制，并结合企业的实际情况对现金流量表进行分析。

思考题（思政×业务）

1.思考党的二十大报告中哪些原则和价值观可以应用于现金流量表的编制和分析。

2.如何通过现金流量表的编制和分析来评估企业的社会责任履行情况？

第5章

所有者权益变动表填制与分析

内容导读

所有者权益变动表记录了企业在特定期间内构成所有者权益各组成部分的增减变动情况。通过分析所有者权益变动表，可以评估企业的财务健康状况。

在所有者权益变动表中，应分别列示综合收益和与所有者（或股东）的资本交易导致的所有者权益的变动。企业至少应单独列示以下信息的项目：综合收益总额、会计政策变更和差错更正的累积影响金额、所有者投入资本和向所有者分配利润等、提取的盈余公积、所有者权益各组成部分的期初和期末余额以及其调整情况。

5.1 所有者权益变动表的内容与结构

5.1.1 所有者权益变动表的主要内容

1.横向内容

所有者权益变动表横向的项目主要是资产负债表中的所有者权益类项目。

（1）实收资本（或股本）

实收资本指企业实际收到的投资者投入的资本，是企业注册登记的法定资本总额的来源。按照投资主体的不同，可以分为国家资本、集体资本、法人资本、个人资本和外商资本等。

（2）其他权益工具

其他权益工具核算的是企业发行的除普通股以外的归类为权益工具的各种金融工具。

（3）资本公积

资本公积指企业在经营过程中由于接受捐赠、股本溢价以及法定财产重估增值等形成的公积金。简单来说，资本公积是投资者或他人投入到企业、所有权归属于投资者且投入金额超过法定资本部分的资本，与企业的收益无关，而与企业的资本相关。

（4）库存股

库存股指已经公开发行的股票被发行公司通过购入、赠与或其他方式重新获得，可再行出售或注销的股票。这类股票既不分配股利，也不附投票权，它以负数形式列为一项股东权益，借方表示增加，贷方表示减少，属于所有者权益的备抵项。

（5）其他综合收益

其他综合收益指企业根据会计准则规定未在当期损益中确认的各项利得和损失，计算时应扣除所得税的影响。

（6）专项储备

专项储备用于核算高危行业企业按照规定提取的安全生产费以及维持简单再生产费用等具有类似性质的费用。

（7）盈余公积

盈余公积是企业从税后利润中提取形成的，存留于企业内部、具有特定用途的收益积累，包括法定盈余公积、任意盈余公积。

（8）未分配利润

未分配利润是企业留待以后年度分配或待分配的利润，通俗地讲，就是企业实现的净利润经过弥补亏损、提取盈余公积和向投资者分配利润后留存在企业的、历年结存的利润。

（9）所有者权益合计

这里的所有者权益合计是前述项目的合计数额。

2.纵向内容

所有者权益变动表的纵向项目可以简单理解为所有者权益的来源与分配明细。

（1）上年年末余额

该行用于填列各横向项目的上年年末余额。

（2）会计政策变更

会计政策变更指企业对相同的交易或事项由原来采用的会计政策改用另一会计政策的行为，所以该行填列的就是因为会计政策的变更对横向各项目的影响数额。

（3）前期差错更正

主要是对前期差错进行更正的数据，包括计算错误、应用会计政策错误、疏忽或曲解事实和舞弊产生的影响，以及存货与固定资产盘盈等差错的更正。

（4）本年年初金额

该行用于填列经考虑会计政策变更的影响和对前期差错的更正后横向各项目的年初数额。

（5）本期增减变动金额

该行主要汇总填列综合收益总额、所有者投入和减少资本、利润分配和所有者权益内部结转的总计金额。

（6）综合收益总额

该项目反映企业净利润与其他综合收益的合计金额。

（7）所有者投入和减少资本

该项目汇总计算所有者投入的普通股、其他权益工具持有者投入资本、股份支付计入所有者权益的金额以及其他需要确认为所有者投入或减少资本的项目的合计数。

（8）所有者投入的普通股

该项目反映投资者投资于普通股股票的资金。

（9）其他权益工具持有者投入资本

该项目反映企业发行的除普通股以外分配为权益工具的金融工具的持有者投入资本的金额。

（10）股份支付计入所有者权益的金额

该项目反映企业职工或其他方以股份支付的方式投入企业的、需要计入所有者权益的资金。

（11）利润分配

该项目反映企业对经营获取的利润进行的分配，在报表中主要是汇总计算提取盈余公积、对所有者（或股东）的分配以及其他分配的合计金额。

（12）提取盈余公积

核算企业当期（或当年）提取的盈余公积，包括法定盈余公积、任意盈余公积。

（13）对所有者（或股东）的分配

核算企业当期（或当年）向所有者分配的利润。

（14）所有者权益内部结转

该项目反映企业的所有者权益内部各项目之间的结转情况。

（15）资本公积转增资本（或股本）

该项目反映转增为资本（或股本）的资本公积的数额，转增的同时，资本公积减少，资本（或股本）等额增加。

（16）盈余公积转增资本（或股本）

该项目反映转增为资本（或股本）的盈余公积的数额，转增的同时，盈余公积减少，资本（或股本）等额增加。

（17）盈余公积弥补亏损

该项目反映用来弥补亏损的盈余公积的数额。

（18）设定受益计划变动额结转留存收益

该项目反映除了设定提存计划以外的离职后福利计划产生的变动额结转到留存收益的金额，设定受益计划即指除设定提存计划以外的离职后福利计划。

（19）其他综合收益结转留存收益

该项目主要反映两个内容：一是企业指定为以公允价值计量且其变动计入其他综合收益的非交易性权益工具投资终止确认时，之前计入其他综合收益的累计利得或损失从其他综合收益中转入留存收益的金额；二是企业指定为以公允价值计量且其变动计入当期损益的金融负债终止确认时，之前由企业自身信用风险变动引起而计入其他综合收益的累计利得或损失从其他综合收益中转入留存收益的金额等。

（20）本年年末余额

该行填列横向各项目的年末余额。

5.1.2　所有者权益变动表的结构

所有者权益变动表用于反映构成所有者权益的各组成部分在特定时期内的增减变动情况。首先，它列示了导致所有者权益变动的交易或事项，全面反映了特定时期内所有者权益变动的来源。其次，该表还提供了比较所有者权益变动的信息。表格分为"本年金额"和"上年金额"两栏，分别反映当年和上年所有者权益的增减变动情况，以及年初和年末的情况。通过这种比较，我们可以更好地了解所有者权益的变动趋势。

所有者权益变动表的格式见表5-1。

所有者权益变动表

表5-1

会企04表

编制单位：＿＿＿＿＿ 年度＿＿＿＿＿ 单位：元

项目	本年金额										上年金额									
	实收资本（或股本）	其他权益工具		资本公积	减：库存股	其他综合收益	专项储备	盈余公积	未分配利润	所有者权益合计	实收资本（或股本）	其他权益工具		资本公积	减：库存股	其他综合收益	专项储备	盈余公积	未分配利润	所有者权益合计
		优先股	永续债	其他								优先股	永续债	其他						
一、上年末余额																				
加：会计政策变更																				
前期差错更正																				
其他																				
二、本年初余额																				
三、本年增减变动金额（减少以"－"号填列）																				
（一）综合收益总额																				
（二）所有者投入和减少资本																				
1.所有者投入的普通股																				
2.其他权益工具持有者投入资本																				
3.股份支付计入所有者权益的金额																				
4.其他																				

续表

项目	本年金额										上年金额									
	实收资本（或股本）	其他权益工具			资本公积	减：库存股	其他综合收益	专项储备	盈余公积	未分配利润	所有者权益合计	实收资本（或股本）	其他权益工具			资本公积	减：库存股	其他综合收益	专项储备	盈余公积	未分配利润	所有者权益合计
		优先股	永续债	其他									优先股	永续债	其他							
（三）利润分配																						
1. 提取盈余公积																						
2. 对所有者（或股东）的分配																						
3. 其他																						
（四）所有者权益内部结转																						
1. 资本公积转增资本（或股本）																						
2. 盈余公积转增资本（或股本）																						
3. 盈余公积弥补亏损																						
4. 设定受益计划变动额结转留存收益																						
5. 其他综合收益结转留存收益																						
6. 其他																						
四、本年末余额																						

5.2　所有者权益变动表的编制与填列

5.2.1　所有者权益变动表的编制

所有者权益变动表是一份全面反映企业所有者权益变动情况以及变动构成的重要报表。所有者权益变动表的编制也要遵循一定的规则，以提高报表的编制效率。

1.各项目均需填列"本年金额"和"上年金额"两栏

在编制本年度的所有者权益变动表时，需要根据上一年度所有者权益变动表的"本年金额"栏中所列示的数据填写"上年金额"栏中的各项数字。如果上一年度所有者权益变动表中的项目名称和内容与本年度不一致，就需要先按照本年度的规定调整上一年度所有者权益变动表中各项目的名称和数字，然后将调整后的数据填入本年度所有者权益变动表的"上年金额"栏中。而本年度所有者权益变动表的"本年金额"栏中的各项目数字通常是根据本年度的实收资本、资本公积、盈余公积、利润分配、库存股和以前年度损益调整科目的发生额分析来填写的。

2.纵向项目分析填列

编制所有者权益变动表时，需要根据企业所有者权益的明细账目进行分析，注意纵向各项目与横向各项目的对应关系。纵向各项目的"上年金额"栏中的数据无须进行分析填列，只需直接复制上一年度所有者权益变动表中的"本年金额"栏内的数据即可。

5.2.2　所有者权益变动表的填列

（1）上年金额

在所有者权益变动表中，需要横向填写两栏内容，其中之一是"上年金额"，按照规定直接抄录。

（2）填列"本年金额"栏的"上年年末余额"行

本年度所有者权益变动表"本年金额"栏的"上年年末余额"行数据，直接抄录报表右侧"上年金额"栏对应的"本年年末余额"行的数据。

（3）会计政策变更和前期差错更正

"会计政策变更"项目和"前期差错更正"项目主要涉及"盈余公积"和"未分配利润"栏目，在填写时应根据"盈余公积"和"利润分配"科目的发生额进行记录。

（4）填列"本年金额"栏的"本年年初金额"行

在所有者权益变动表中，无论是"本年金额"栏还是"上年金额"栏，其

"本年年初金额"行的数据均要通过计算得到，计算公式为：

$$\begin{array}{l}\text{"本年年初余额"} \\ \text{项目}\end{array} = \begin{array}{l}\text{上年年末} \\ \text{余额}\end{array} + \begin{array}{l}\text{会计政策} \\ \text{变更}\end{array} + \begin{array}{l}\text{前期差错} \\ \text{更正}\end{array} + \begin{array}{l}\text{同一控制下} \\ \text{企业合并}\end{array} + \text{其他}$$

注意：上述公式中的项目，如果其数值为负数，则计算公式中的"+"号对应变成"-"号。

（5）分析填列"资本公积"项目

相应的增减变动需要在"资本公积"栏目中进行填写。

（6）分析填列"减：库存股"项目

将变动金额填入所有者权益变动表中的"库存股"栏目。

（7）分析填列"其他综合收益"项目

将其列示到所有者权益变动表的纵向"综合收益总额"项目中。

（8）分析填列"盈余公积"项目

在所有者权益变动表的"盈余公积"栏目中填写相应的数据。

（9）分析填列"未分配利润"项目

从数量上来看，它可以通过以下计算公式表示：

$$\begin{array}{l}\text{当期} \\ \text{未分配利润}\end{array} = \begin{array}{l}\text{期初} \\ \text{未分配利润}\end{array} + \begin{array}{l}\text{当期} \\ \text{实现的净利润}\end{array} - \begin{array}{l}\text{当期提取的} \\ \text{各种盈余公积}\end{array} - \begin{array}{l}\text{当期} \\ \text{分出去的利润}\end{array}$$

在所有者权益变动表的"综合收益总额""利润分配""提取盈余公积""对所有者（或股东）的分配"等栏目下，需要填写相应的数据，以反映未分配利润的变动情况。

（10）分析填列"少数股东权益"项目

当存在母子关系的集团企业编制合并会计报表时，需要在所有者权益变动表中填写"少数股东权益"项目；而对于不存在母子关系的企业，则无须填写"少数股东权益"。

（11）计算填列各种需要汇总数据的项目

需要汇总的项目包括"所有者投入和减少资本"、"利润分配"、"所有者权益内部结转"以及"专项储备"等。在"所有者投入和减少资本"项目中，我们主要汇总"所有者投入的普通股"、"其他权益工具持有者投入资本"、"股份支付计入所有者权益的金额"以及"其他"等子项目的数据。这些数据可以通过以下计算公式来表示：

$$\begin{array}{l}\text{"所有者投入和} \\ \text{减少资本"项目}\end{array} = \begin{array}{l}\text{所有者投入的} \\ \text{普通股}\end{array} + \begin{array}{l}\text{其他权益工具} \\ \text{持有者投入资本}\end{array} + \begin{array}{l}\text{股份支付计入所有者} \\ \text{权益的金额}\end{array} + \text{其他}$$

注意，在分析"其他权益工具持有者投入资本"项目时，应根据金融工具类科目的相关明细科目的发生额分析填列。

"利润分配"项目主要汇总"提取盈余公积"、"对所有者（或股东）的分配"和"其他"等项目的数据。涉及的计算公式为：

$$\begin{array}{c} \text{"利润分配"} \\ \text{项目} \end{array} = \begin{array}{c} \text{提取盈余} \\ \text{公积} \end{array} + \begin{array}{c} \text{对所有者} \\ \text{(或股东)的分配} \end{array} + \text{其他}$$

"所有者权益内部结转"项目主要汇总"资本公积转增资本（或股本）"、"盈余公积转增资本（或股本）"、"盈余公积弥补亏损"、"设定受益计划变动额结转留存收益"、"其他综合收益结转留存收益"和"其他"等项目的数据。

① "资本公积转增资本（或股本）"项目是指企业根据规定将资本公积转化为资本的金额。这样一来，企业的资本公积减少，而实收资本或股本则相应增加。在所有者权益变动表中，需要填写对应的"实收资本（或股本）"和"资本公积"项目。

② "盈余公积转增资本（或股本）"项目是指企业根据规定将盈余公积转化为资本的金额。这样一来，企业的盈余公积减少，而实收资本或股本则相应增加。在所有者权益变动表中，需要填写对应的"实收资本（或股本）"和"盈余公积"项目。

③ "盈余公积弥补亏损"项目是指企业按照规定将盈余公积用于弥补以前年度亏损的金额。这样一来，企业的盈余公积减少，而以前年度的亏损则相应减少。在所有者权益变动表中，需要填写对应的"盈余公积"和"未分配利润"项目。

④ "设定受益计划变动额结转留存收益"项目是指将设定受益计划的变动额转化为留存收益的金额。这样一来，企业的设定受益计划减少，而留存收益则相应增加。在所有者权益变动表中，需要填写对应的"盈余公积"和"未分配利润"等项目。

⑤ "其他综合收益结转留存收益"项目应根据"其他综合收益"科目的相关明细发生额进行分析和填写。它指的是将其他综合收益转化为留存收益的金额。这样一来，企业的其他综合收益减少，而留存收益则相应增加。在所有者权益变动表中，需要填写对应的"其他综合收益"、"盈余公积"和"未分配利润"等项目。

（12）汇总计算本期增减变动金额（减少以"–"号填列）

所有者权益变动表中的"本期增减变动金额（减少以'–'号填列）"项目主要汇总"综合收益总额"、"所有者投入和减少资本"、"利润分配"、"所有者权益内部结转"、"专项储备"和"其他"这些项目的数据。其计算公式为：

$$\begin{array}{c} \text{"本期增减变动} \\ \text{金额(减少以} \\ \text{'–'号填列)"项目} \end{array} = \begin{array}{c} \text{综合} \\ \text{收益} \\ \text{总额} \end{array} + \begin{array}{c} \text{所有者} \\ \text{投入和} \\ \text{减少资本} \end{array} + \begin{array}{c} \text{利润} \\ \text{分配} \end{array} + \begin{array}{c} \text{所有者} \\ \text{权益内部} \\ \text{结转} \end{array} + \begin{array}{c} \text{专项} \\ \text{储备} \end{array} + \text{其他}$$

（13）计算填列"本年年末余额"行

在所有者权益变动表中，纵向"本年年末余额"项目由"本年年初余额"项目加上"本期增减变动金额"项目得来。

（14）对母公司的所有者权益进行小计

对于存在母子关系的公司，首先需要对母公司的所有者权益进行小计。每行的最终小计数可以使用以下计算公式：

$$\begin{matrix}归属于\\母公司\\所有者权益\end{matrix} = 股本 + \begin{matrix}其他\\权益\\工具\end{matrix} + \begin{matrix}资本\\公积\end{matrix} - 库存股 + \begin{matrix}其他\\综合\\收益\end{matrix} + \begin{matrix}专项\\储备\end{matrix} + \begin{matrix}盈余\\公积\end{matrix} + \begin{matrix}未分配\\利润\end{matrix}$$

（15）计算填列"所有者权益合计"项目

在没有母子关系的公司中，"所有者权益合计"项目是由股本、其他权益工具、资本公积、库存股、其他综合收益、专项储备、盈余公积和未分配利润等项目相加减而得到的。

然而，在存在母子关系的公司中，所有者权益变动表中的"所有者权益合计"项目需要通过将归属于母公司所有者权益的小计数与"少数股东权益"项目的数额相加来获得。

知识延伸5-1

5.3 所有者权益变动表分析

5.3.1 所有者权益变动表结构分析

所有者权益变动表结构分析是一种对所有者权益的各个子项目金额与总额之间比例的计算和评估的方法，通过对企业当前期间所有者权益各子项目比例及其变动情况的分析，揭示企业净资产构成变动的原因，为相关决策提供依据。

1.影响所有者权益变动表结构的因素

（1）影响所有者权益变动表结构的内部因素

①所有者权益规模。所有者权益的变化通常与其规模或总量的变动密切相关。这种变化可能会对企业的财务状况产生影响，并需要我们进行相应的分析和评估。

②利润分配政策。如果企业采取高利润分配政策，并按照法定比例提取盈余公积，那么未分配利润的减少必然导致留存收益的比重降低；相反，如果采取低利润分配或暂缓分配政策，留存收益的比重则会提高。企业的利润分配包括刚性分配和弹性分配。刚性分配包括按法定比例提取的法定盈余公积和根据优先股股

票筹资合同支付的优先股股利。而任意盈余公积、普通股股利和未分配利润是企业可以自主确定分配比例的弹性部分。利润分配政策变化分析就是对这些弹性分配内容变化情况的分析。

③企业控制权。在企业中，控制权通常由控股股东或持有最多股份的股东掌握。当企业决定接受其他投资者的投资时，股权将被稀释，从而导致企业控制权的分散。

④权益资本成本。在企业中，权益资本的成本通常高于负债资本的成本。在所有者权益内部，投入资本的成本往往高于留存收益的成本。因此，为了降低筹资成本，应该尽量利用留存收益并增加其比重。

（2）影响所有者权益变动表结构的外部因素

经济环境、金融政策、资本市场状况等因素都会对企业的筹资方式产生影响，并进而对所有者权益结构产生影响。在选择筹资渠道时，企业需要综合考虑各种因素，并做出符合实际情况的决策，以确保所有者权益结构的稳定和适应性。

2.所有者权益变动表结构分析实务

引起所有者权益增减变动的主要原因包括注册资本的增减、资本公积的变化以及留存收益的增减等。通过对所有者权益的构成和变动进行分析，会计信息使用者可以更深入地了解企业对负债偿还的保障程度，以及企业自身积累资金的能力和潜力。

典型实例5-1　■　分析M公司的所有者权益结构及增减变动情况

从M公司2023年度的所有者权益变动表中摘录所有者权益各项目见表5-2，请编制垂直分析表，对其所有者权益结构及增减变动情况进行分析。

表5-2　　　　　　　　　　　所有者权益资料表　　　　　　　　　　单位：元

项目	2023年	2022年
实收资本	1 650 500 000.00	1 650 500 000.00
资本公积	2 250 650 000.00	2 265 300 000.00
盈余公积	450 300 000.00	390 800 000.00
未分配利润	920 500 000.00	660 200 000.00
所有者权益合计	5 271 950 000.00	4 966 800 000.00

分析要点：

M公司2023年度所有者权益结构及增减变动分析表见表5-3。

表5-3　　　　　　　　　　所有者权益结构及增减变动分析表　　　　　　　金额单位：元

项目	2023年		2022年		差异	
	金额	比重	金额	比重	金额	比重
实收资本	1 650 500 000.00	31.31%	1 650 500 000.00	33.23%	0.00	-1.92%
资本公积	2 250 650 000.00	42.69%	2 265 300 000.00	45.61%	-14 650 000.00	-2.92%
盈余公积	450 300 000.00	8.54%	390 800 000.00	7.87%	59 500 000.00	0.67%
未分配利润	920 500 000.00	17.46%	660 200 000.00	13.29%	260 300 000.00	4.17%
所有者权益合计	5 271 950 000.00	100%	4 966 800 000.00	100%	305 150 000.00	0.00

从计算结果可见，M公司2023年度的所有者权益总额较2022年度有所增长，增加了305 150 000元。在各项目构成方面，实收资本金额未发生变化，但由于所有者权益总额的增加，其比重从2022年度的33.23%下降到2023年度的31.31%。资本公积金额和比重变化不大。盈余公积在2023年度的比重增加至8.54%，比2022年度增加了0.67%。未分配利润在2023年度的比重增加至17.46%，比2022年度增加了4.17%。这说明公司加强了内部积累，经营情况相对稳定。通过对所有者权益结构变动的比较可以看出，公司的所有者权益结构较为稳定。

5.3.2　所有者权益变动表主要项目分析

通过对所有者权益变动表的分析，我们可以了解会计期间内影响所有者权益变动的具体原因，判断各个所有者权益项目变动的合理性和合法性，为会计信息使用者提供所有者权益总额及其变动的重要信息。

1.实收资本

（1）实收资本变动的分析

在对实收资本变动进行分析时，会计信息使用者需要综合考虑多个因素。对于资本公积转入和盈余公积转入所增加的实收资本，需要关注转增的合理性。对于投资者投入资本（或发行新股），应重点分析企业的业务范围、资金使用效率以及盈利能力，是否能够形成新的利润增长点，为企业的持续发展和利润稳定增长奠定基础。

知识延伸5-2

（2）分析实收资本结构的合理性

通过分析实收资本占所有者权益的比重来分析其结构的合理性。

（3）分析实收资本的变动趋势

从实收资本的变动趋势，分析所有者权益资本的增长速度和变化趋势。

2.资本公积

在分析资本公积时，会计信息使用者应该注意了解资本公积的形成过程，关注其使用流向，并进一步分析公司权益资本的质量。资本公积增加的原因主要包括股本溢价和其他资本公积。资本公积的减少主要是通过转增资本（或股本）来实现的。转增资本是公司内部权益资本结构的调整，既不是实质性增加的投入资本，也不属于利润分配。在分析时，会计信息使用者应该注意确定转增资本的额度，以及转增股本后的股数和新的股权比例情况，还要考虑转增资本对未来收益的影响。可以通过分析转增股本前后的股本收益率、每股净资产等指标来进一步了解情况。

3.库存股

库存股是指公司收回已发行的且尚未注销的股票。库存股对企业所有者权益的影响如图5-1所示。

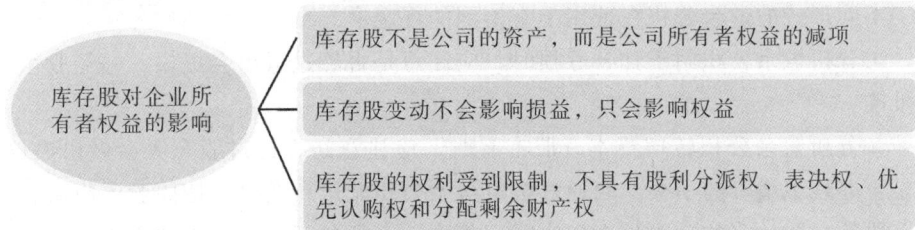

库存股对企业所有者权益的影响

- 库存股不是公司的资产，而是公司所有者权益的减项
- 库存股变动不会影响损益，只会影响权益
- 库存股的权利受到限制，不具有股利分派权、表决权、优先认购权和分配剩余财产权

图5-1　库存股对企业所有者权益的影响

从实质上来看，股票回购可以被视为将股利一次性支付给股东，属于间接的股利分配方式。然而，与高股利政策相比，股票回购具有更大的财务影响。

库存股的分析因回购的目的而有所不同。

（1）如果回购的目的是减少公司的注册资本，公司应在回购日起10天内注销回购的股份。在分析时，需要关注回购日和注销日之间的时间间隔，特别是要确认回购的股份是否按照《中华人民共和国公司法》的规定进行了注销。为了减少注册资本而回购的股份不应被视为库存股。

（2）如果回购是基于公司股权激励计划，回购的本公司股份不得超过已发行股份总额的5%。回购资金应从公司的税后利润中支出，并在1年内转让给职工。因此，在分析时需要关注回购的比例、使用的资金以及转让给职工的时间，这些都有明确的规定。

（3）如果回购是与其他持股公司合并，或者股东因对股东大会做出的公司合并、分立决议持异议并要求公司收购其股份，公司应在6个月内转让或注销这些股份。

在分析时需要特别注意的是，公司在进行股票回购时是否涉嫌操纵市场，公司的董事是否利用股份回购和再出售机制来操控股价，以及在公司进行重大库存股操作之前，公司董事个人或其他内幕人员是否通过事先采取行动而从中获利。另外，还要关注公司是否通过缩小股本规模来提高每股收益或其他业绩比率，以营造公司业绩较好的表象，使会计信息使用者误以为其股份有价值等。

4.其他综合收益

通过对其他综合收益的核算和分析，企业可以全面了解其各项利得和损失的情况，为决策提供更全面的信息。同时，这也为投资者、债权人和其他利益相关者提供了更准确的财务信息，帮助他们评估企业的经营绩效和风险。因此，对其他综合收益的准确核算和披露具有重要意义。

5.盈余公积

（1）分析盈余公积形成是否合法

会计信息使用者应当注意分析企业是否按照相关规定提取盈余公积，包括法定盈余公积和任意盈余公积。需要注意的是提取盈余公积的基数是否准确，提取比例如何确定，任意盈余公积的提取是否经过股东大会的决议等。

（2）分析盈余公积使用是否符合规定

不同形式的盈余公积在使用上有不同的规定：

①分析盈余公积用于弥补亏损时，应注意是否经过董事会提议，并经股东大会批准。

②分析盈余公积转增资本（股本）时，应注意是否经过股东大会做出决议，并是否办理了增资的手续。当通过法定盈余公积派送新股时，按照股票面值和派送新股的总数计算的金额是否与实际有差额，差额金额是否记入"资本公积——股本溢价"科目。

③分析公司使用盈余公积进行股利分配时，应注意是否经过股东大会做出决议；当通过法定盈余公积分派股票股利增加股本时，是否办理了增资的手续；分派股票股利的每股面值与派送价格之差是否记入"资本公积——股本溢价"科目。

6.未分配利润

未分配利润的多少可以作为衡量公司储备和获利能力的指标，其在所有者权益中所占比例越高，说明企业的获利能力越强。在分析未分配利润时，主要需要关注未分配利润的增减变动总额、变动原因和变动趋势，特别是要分析净利润变动对未分配利润的影响，同时还需要分析公司的利润分配政策对未分配利润的影响。

典型实例5-2　　　　　　　分析M公司的所有者权益变动表

M公司2023年所有者权益变动表见表5-4，分析该公司的所有者权益变动表。

表5-4

所有者权益变动表

2023年度

会企04表

编制单位：M公司　　　　　　　　　　　　　　　　　　　　　　　　　　　　　　单位：元

项目	本年金额											上年金额										
	实收资本（或股本）	其他权益工具			资本公积	减:库存股	其他综合收益	专项储备	盈余公积	未分配利润	所有者权益合计	实收资本（或股本）	其他权益工具			资本公积	减:库存股	其他综合收益	专项储备	盈余公积	未分配利润	所有者权益合计
		优先股	永续债	其他									优先股	永续债	其他							
一、上年年末余额	10 000 000.00				220 000.00				180 000.00	230 000.00	10 630 000.00	10 000 000.00				220 000.00				170 000.00	173 000.00	10 563 000.00
加:会计政策变更																						
前期差错更正																						
其他																						
二、本年年初余额	10 000 000.00				220 000.00				180 000.00	230 000.00	10 630 000.00	10 000 000.00				220 000.00				170 000.00	173 000.00	10 563 000.00
三、本年增减变动金额（减少以"-"号填列）	95 000								−46 000.00	85 000.00	194 000.00									13 500.00	56 500.00	70 000.00
（一）综合收益总额					60 000.00					130 000.00	220 000.00										80 000.00	80 000.00
（二）所有者投入和减少资本					90 000.00						220 000.00											
1.所有者投入的普通股																						
2.其他权益工具持有者投入资本																						
3.股份支付计入所有者权益的金额																						

续表

项目	本年金额 实收资本（或股本）	其他权益工具 优先股	其他权益工具 永续债	其他权益工具 其他	资本公积	减：库存股	其他综合收益	专项储备	盈余公积	未分配利润	所有者权益合计	上年金额 实收资本（或股本）	其他权益工具 优先股	其他权益工具 永续债	其他权益工具 其他	资本公积	减：库存股	其他综合收益	专项储备	盈余公积	未分配利润	所有者权益合计
4.其他																						
（三）利润分配																						
1.提取盈余公积									19 000.00	-19 000.00										13 500.00	-13 500.00	
2.对所有者（或股东）的分配										-26 000.00	-26 000.00										-10 000.00	-10 000.00
3.其他																						
（四）所有者权益内部结转																						
1.资本公积转增资本（或股本）	30 000.00				-30 000.00																	
2.盈余公积转增资本（或股本）	65 000.00								-65 000.00													
3.盈余公积弥补亏损																						
4.设定受益计划变动额结转留存收益																						
5.其他综合收益结转留存收益																						
6.其他																						
四、本年年末余额	10 095 000.00				280 000.00				134 000.00	315 000.00	10 824 000.00	10 000 000.00				220 000.00				183 500.00	229 500.00	10 633 000.00

分析要点:

根据表5-4的数据,可以得知M公司在2023年年末的实收资本为10 095 000元,而在2022年年末为10 000 000元,实收资本增加了95 000元。这一增加是由于资本公积转增资本30 000元和盈余公积转增资本65 000元所致。M公司在2023年年末的实收资本占所有者权益总额的比例为(10 095 000÷10 824 000)×100% = 93.26%,显然,这一比例相当高。2022年年末,M公司的实收资本占所有者权益总额的比例为(10 000 000÷10 633 000)×100% = 94.05%。可以明显看出,2023年实收资本比重相对于2022年仅下降了0.79%,这说明公司的实收资本结构相对稳定。

M公司的资本公积增加了60 000元,增加的原因是权益法下被投资单位其他所有者权益变动导致资本公积增加了90 000元,而资本公积转增资本导致资本公积减少了30 000元。

根据M公司的报表数据,可以看出该公司在2023年提取了19 000元的盈余公积,这表明公司为了积累发展所需资金,正常地提取了盈余公积,符合公司的实际情况。此外,盈余公积在2023年年末的结存数为134 000元,占所有者权益总额的比例为1.24%,显示M公司的盈余公积结存相对较小,公司的资金积累不充分。

本章小结

本章主要介绍了所有者权益变动表的内容与结构、所有者权益变动表的编制与填列以及所有者权益变动表分析。所有者权益变动表是一种报表,用于反映企业构成所有者权益各组成部分在当期的增减变动情况。所有者权益变动表分析主要是对所有者权益的来源及其变动情况进行分析,了解影响所有者权益变动的具体原因,判断构成所有者权益各个项目变动的合理性与合法性,为报表使用者提供所有者权益总额及其变动的信息。

本章的重点是掌握所有者权益变动表的编制方法,能够对所有者权益项目进行分析。

思考题(思政×业务)

1.在所有者权益变动表中,哪些项目反映了企业在创新方面的努力和成果?如何通过这些项目来评估企业的创新能力和创新成果?

2.所有者权益变动表中的哪些指标可以反映企业在协调经营和资金运作方面的能力?如何通过这些指标评估企业的协调性和财务稳定性?

3.所有者权益变动表中的哪些项目可以反映企业在员工福利和社会责任方面的投入和效果?如何通过这些项目评估企业在共享和社会责任方面的表现?

4.在会计报表编制中,如何准确记录和报告企业的所有者权益变动情况,以体现人民主体地位和共享发展成果的原则和要求?

第6章

会计报表附注

内容导读

会计报表附注是对资产负债表、利润表、现金流量表和所有者权益变动表等报表中列示项目进行文字描述或提供明细资料的部分，同时还包括对未在这些报表中列示项目的解释。

会计报表附注提供了额外的信息和解释，帮助报表使用者更好地理解报表中的数据和信息，从而更准确地评估企业的财务状况和经营绩效。

6.1　认知会计报表附注

6.1.1　附注披露的基本要求

附注是会计报表中的一部分，用于披露会计报表的编制基础以及与资产负债表、利润表、现金流量表和所有者权益变动表等报表中列示的项目相互参照的相关信息。一般来说，附注的披露应按照以下顺序进行：

（1）披露会计报表的编制基础，即会计报表编制的基本原则和方法。

（2）声明遵循的企业会计准则，以确保会计报表的准确性和一致性。

（3）说明重要会计政策，包括会计报表项目的计量基础和会计政策的确定依据等。

（4）说明重要会计估计，包括下一个会计期间内可能导致资产和负债账面价值重大调整的会计估计的确定依据等。

（5）披露会计政策和会计估计的变更，以及差错更正的说明。

（6）说明已在资产负债表、利润表、现金流量表和所有者权益变动表中列示的重要项目，包括终止经营税后利润的金额及其构成等。

（7）需要披露或有和承诺事项、资产负债表日后非调整事项、关联方关系及其交易等需要说明的事项。

企业还应在附注中披露在资产负债表日后、财务报告批准报出日前提议或宣布发放的股利总额和每股股利金额（或向投资者分配的利润总额）。未在其他公布的信息中披露的企业注册地、组织形式和总部地址、企业的业务性质和主要经营活动，以及母公司和集团最终母公司的名称等也需要在附注中进行披露。

6.1.2 报表附注需要关注的内容

1.企业的基本情况

（1）企业注册地、组织形式和总部地址。

（2）企业的业务性质和主要经营活动。

（3）母公司以及集团最终母公司的名称。

（4）财务报告的批准报出者和财务报告批准报出日，或者以签字人及其签字日期为准。

（5）营业期限有限的企业，还应当披露有关其营业期限的信息。

2.财务报告的编制基础

在我国，企业财务报告的编制基础通常是企业会计准则及其相关的配套解释、法规等。这些规定规范了企业财务报告的编制过程和方法，确保财务报告的准确性和可比性。

3.遵循企业会计准则的声明

编制符合企业会计准则的会计报表是企业合规经营的重要基础，也是保护投资者和利益相关方权益的重要举措。企业应积极履行会计报表的编制责任，确保报表的质量和透明度，为决策者提供准确的财务信息。

4.会计政策和会计估计

这部分内容主要涵盖了以下方面：遵循企业会计准则的声明、重要会计政策的说明、重要会计估计的说明、会计期间、营业期间、记账原则、计价基础、利润分配办法、合并报表的编制方法、现金及现金等价物的确定标准、外币业务与外币报表折算以及会计政策和会计估计变更及差错更正的说明。企业应按照《企业会计准则第28号——会计政策、会计估计变更和差错更正》及其应用指南的规定，披露会计政策和会计估计变更以及差错更正的有关情况。

5.报表重要项目的说明

企业应按照资产负债、利润表、现金流量表、所有者权益变动表及其项目列示的顺序，以文字和数字相结合的方式对报表的重要项目进行说明和披露。

6.2 各会计准则规定的附注披露要求

6.2.1 存货的披露

根据《企业会计准则第1号——存货》的规定，存货是指企业在日常活动中持有以备出售的产成品或商品、处在生产过程中的在产品、在生产过程或提供劳务过程中耗用的材料和物料等。资产负债表日，存货应当按照成本与可变现净值孰低计量。存货成本高于其可变现净值的，应当计提存货跌价准备，计入当期损益。可变现净值是指在日常活动中，存货的估计售价减去至完工时估计将要发生的成本、估计的销售费用以及相关税费后的金额。

资产负债表日，企业应当确定存货的可变现净值。以前减记存货价值的影响因素已经消失的，减记的金额应当予以恢复，并在原已计提的存货跌价准备金额内转回，转回的金额计入当期损益。

小提示6-1

导致存货跌价准备转回的是以前减记存货价值的影响因素的消失，而不是在当期造成存货可变现净值高于其成本的其他影响因素。如果本期导致存货可变现净值高于其成本的影响因素不是以前减记该存货价值的影响因素，则不允许将该存货跌价准备转回。

企业应在附注中披露与存货有关的下列信息：

（1）各类存货的期初和期末账面价值。

（2）确定发出存货成本所采用的方法。

（3）存货可变现净值的确定依据，存货跌价准备的计提方法，当期计提的存货跌价准备的金额，当期转回的存货跌价准备的金额，以及计提和转回的有关情况。

（4）用于担保的存货账面价值。

6.2.2 长期股权投资的披露

根据《企业会计准则第2号——长期股权投资》的规定，长期股权投资是指投资方对被投资单位实施控制、重大影响的权益性投资，以及对其合营企业的权益性投资。

小提示6-2

在确定能否对被投资单位实施控制时，投资方应当按照《企业会计准则第

33号——合并会计报表》的有关规定进行判断。投资方能够对被投资单位实施控制的，被投资单位为其子公司。投资方属于《企业会计准则第33号——合并会计报表》规定的投资性主体且子公司不纳入合并会计报表的情况除外。在确定能否对被投资单位施加重大影响时，应当考虑投资方和其他方持有的被投资单位当期可转换公司债券、当期可执行认股权证等潜在表决权因素。投资方能够对被投资单位施加重大影响的，被投资单位为其联营企业。在确定被投资单位是否为合营企业时，应当按照《企业会计准则第40号——合营安排》的有关规定进行判断。

投资企业应在报表附注中披露与长期股权投资有关的以下信息：

（1）子公司、合营企业和联营企业清单，包括企业名称、注册地、业务性质、投资企业的持股比例和表决权比例等。

（2）合营企业和联营企业当期的主要财务信息，包括资产、负债、收入、费用等的合计金额等。

（3）被投资单位向投资企业转移资金的能力受到严格限制的情况。

（4）当期及累计未确认的投资损失的金额。

（5）与子公司、合营企业及联营企业投资相关的或有负债。

以上信息的披露有助于投资者了解投资企业的长期股权投资情况、风险和财务状况，从而提供更全面的财务信息，使投资者能够做出明智的投资决策。

6.2.3 固定资产的披露

根据《企业会计准则第4号——固定资产》的规定，固定资产是指同时具有下列特征的有形资产：

（1）为生产商品、提供劳务、出租或经营管理而持有的；

（2）使用寿命超过一个会计年度。

企业应当在附注中披露与固定资产有关的下列信息：

（1）固定资产的确认条件、分类、计量基础和折旧方法。

（2）各类固定资产的使用寿命、预计净残值和折旧率。

（3）各类固定资产的期初和期末原价、累计折旧额及固定资产减值准备累计金额。

（4）当期确认的折旧费用。

（5）对固定资产所有权的限制及其金额和用于担保的固定资产账面价值。

（6）准备处置的固定资产名称、账面价值、公允价值、预计处置费用和预计处置时间等。

6.2.4 无形资产的披露

根据《企业会计准则第6号——无形资产》的规定，无形资产是指企业拥有或者控制的没有实物形态的可辨认非货币性资产。

企业应当按照无形资产的类别在附注中披露与无形资产有关的下列信息：

（1）无形资产的期初和期末账面余额、累计摊销额及减值准备累计金额。

（2）使用寿命有限的无形资产，其使用寿命的估计情况；使用寿命不确定的无形资产及其使用寿命不确定的判断依据。

（3）无形资产的摊销方法。

（4）用于担保的无形资产账面价值、当期摊销额等情况。

（5）计入当期损益和确认为无形资产的研究开发支出金额。

6.2.5　投资性房地产的披露

根据《企业会计准则第3号——投资性房地产》的规定，投资性房地产是指为赚取租金或资本增值，或两者兼有而持有的房地产。投资性房地产应当能够单独计量和出售。企业应当在资产负债表日采用成本模式对投资性房地产进行后续计量，但有确凿证据表明投资性房地产的公允价值能够持续可靠取得的，可以对投资性房地产采用公允价值模式进行后续计量。采用公允价值模式计量的，应当同时满足下列条件：

（1）投资性房地产所在地有活跃的房地产交易市场；

（2）企业能够从房地产交易市场上取得同类或类似房地产的市场价格及其他相关信息，从而对投资性房地产的公允价值做出合理的估计。

采用公允价值模式计量的，不对投资性房地产计提折旧或进行摊销，应当以资产负债表日投资性房地产的公允价值为基础调整其账面价值，公允价值与原账面价值之间的差额计入当期损益。

企业对投资性房地产的计量模式一经确定，不得随意变更。成本模式转为公允价值模式的，应当作为会计政策变更，按照《企业会计准则第28号——会计政策、会计估计变更和差错更正》处理。已采用公允价值模式计量的投资性房地产，不得从公允价值模式转为成本模式。

企业应在附注中披露与投资性房地产有关的下列信息：

（1）投资性房地产的种类、金额和计量模式。

（2）采用成本模式的，投资性房地产的折旧或摊销，以及减值准备的计提情况。

（3）采用公允价值模式的，公允价值的确定依据和方法，以及公允价值变动对损益的影响。

（4）房地产转换情况、理由，以及对损益或所有者权益的影响。

（5）当期处置的投资性房地产及其对损益的影响。

6.2.6 职工薪酬的披露

根据《企业会计准则第9号——职工薪酬》的规定，职工薪酬是指企业为获得职工提供的服务或解除劳动关系而给予的各种形式的报酬或补偿。职工薪酬包括短期薪酬、离职后福利、辞退福利和其他长期职工福利。企业提供给职工配偶、子女、受赡养人、已故员工遗属及其他受益人等的福利，也属于职工薪酬。

1.短期薪酬的披露

企业应在附注中披露与职工薪酬有关的下列信息：

（1）应支付给职工的工资、奖金、津贴和补贴及其期末应付未付金额。

（2）应为职工缴纳的医疗保险费、养老保险费、失业保险费、工伤保险费和生育保险费等社会保险费及其期末应付未付金额。

（3）应为职工缴存的住房公积金及其期末应付未付金额。

（4）为职工提供的非货币性福利及其计算依据。

（5）应支付的因解除劳动关系给予的补偿及其期末应付未付金额。

（6）其他职工薪酬。因自愿接受裁减建议的职工数量、补偿标准等不确定而产生的或有负债，应按照《企业会计准则第13号——或有事项》的规定进行披露。

2.离职后福利的披露

（1）设定提存计划的披露要求

企业应当在附注中披露所设立或参与的设定提存计划的性质、计算缴费金额的公式或依据、当期缴费金额以及期末应付未付金额。其中，设定提存计划的当期缴费金额和期末应付未付金额的具体披露格式见表6-1。

表6-1   设定提存计划的披露格式

设定提存计划项目	当期缴费金额	期末应付未付金额
一、基本养老保险费		
二、失业保险费		
三、企业年金缴费		
合计		

（2）设定受益计划的披露要求

企业应当在附注中披露与设定受益计划有关的下列信息：

①设定受益计划的特征及与之相关的风险。

②设定受益计划在会计报表中确认的金额及其变动。

③设定受益计划对企业未来现金流量金额、时间和不确定性的影响。

④设定受益义务现值所依赖的重大精算假设及有关敏感性分析的结果。

3.辞退福利的披露

企业应当在附注中披露本年度因解除劳动关系所提供辞退福利及其期末应付未付金额。

4.其他长期职工福利的披露

企业应当在附注中披露提供的其他长期职工福利的性质、金额及其计算依据。

6.2.7　收入的披露

根据《企业会计准则第14号——收入》的规定，收入是指企业在日常活动中形成的、会导致所有者权益增加的、与所有者投入资本无关的经济利益的总流入。

企业应在附注中披露与收入有关的下列信息：

（1）收入确认和计量所采用的会计政策、对于确定收入确认的时点和金额具有重大影响的判断以及这些判断的变更，包括确定履约进度的方法及采用该方法的原因、评估客户取得所转让商品控制权时点的相关判断，在确定交易价格、估计计入交易价格的可变对价、分摊交易价格以及计量预期将退还给客户的款项等类似义务时所采用的方法、输入值和假设等。

（2）与合同相关的信息，见表6-2。

表6-2　　　　　　　　　　　　与合同相关的信息

项目	具体信息
与本期确认收入相关的信息	包括与客户之间的合同产生的收入、该收入按主要类别（如商品类型、经营地区、市场或客户类型、合同类型、商品转让的时间、合同期限、销售渠道等）分解的信息以及该分解信息与每一报告分部的收入之间的关系等
与应收款项、合同资产和合同负债的账面价值相关的信息	包括与客户之间的合同产生的应收款项、合同资产和合同负债的期初和期末账面价值、对上述应收款项和合同资产确认的减值损失、在本期确认的包括在合同负债期初账面价值中的收入、前期已经履行（或部分履行）的履约义务在本期调整的收入、履行履约义务的时间与通常的付款时间之间的关系以及此类因素对合同资产和合同负债账面价值的影响的定量或定性信息、合同资产和合同负债的账面价值在本期内发生的重大变动情况等

项目	具体信息
与履约义务相关的信息	包括履约义务通常的履行时间、重要的支付条款、企业承诺转让的商品的性质（包括说明企业是否作为代理人）、企业承担的预期将退还给客户的款项等类似义务、质量保证的类型及相关义务等
与分摊至剩余履约义务的交易价格相关的信息	包括分摊至本期末尚未履行（或部分未履行）履约义务的交易价格总额、上述金额确认为收入的预计时间的定量或定性信息、未包括在交易价格内的对价金额（如可变对价）等

（3）与合同成本有关的资产相关的信息，包括确定该资产金额所作的判断、该资产的摊销方法、按该资产主要类别（如为取得合同发生的成本、为履行合同开展的初始活动发生的成本等）披露的期末账面价值以及本期确认的摊销及减值损失金额等。

（4）企业根据本准则第十七条规定因预计客户取得商品控制权与客户支付价款间隔未超过一年而未考虑合同中存在的重大融资成分，或者根据本准则第二十八条规定因合同取得成本的摊销期限未超过一年而将其在发生时计入当期损益的，应当披露该事实。

6.2.8 或有事项的披露

根据《企业会计准则第13号——或有事项》的规定，或有事项是指过去的交易或者事项形成的，其结果须由某些未来事项的发生或不发生才能决定的不确定事项。

企业应在附注中披露与或有事项有关的下列信息：

1.预计负债

（1）预计负债的种类、形成原因以及经济利益流出不确定性的说明。

（2）各类预计负债的期初、期末余额和本期变动情况。

（3）与预计负债有关的预期补偿金额和本期已确认的预期补偿金额。

2.或有负债（不包括极小可能导致经济利益流出企业的或有负债）

（1）或有负债的种类及其形成原因，包括已贴现商业承兑汇票、未决诉讼、未决仲裁、对外提供担保等形成的或有负债。

（2）经济利益流出不确定性的说明。

（3）或有负债预计产生的财务影响，以及获得补偿的可能性；无法预计的，应当说明原因。

3.或有资产

企业通常不应当披露或有资产，但或有资产很可能会给企业带来经济利益的，应当披露其形成的原因、预计产生的财务影响等。

6.2.9 其他一些项目在附注中的披露

1.生物资产

根据《企业会计准则第5号——生物资产》的规定，生物资产是指有生命的动物和植物，分为消耗性生物资产、生产性生物资产和公益性生物资产。

企业应当在附注中披露与生物资产有关的下列信息：

（1）生物资产的类别以及各类生物资产的实物数量和账面价值。

（2）各类消耗性生物资产的跌价准备累计金额，以及各类生产性生物资产的使用寿命、预计净残值、折旧方法、累计折旧和减值准备累计金额。

（3）天然起源生物资产的类别、取得方式和实物数量。

（4）用于担保的生物资产的账面价值。

（5）与生物资产相关的风险情况与管理措施。

企业应当在附注中披露与生物资产增减变动有关的下列信息：

（1）因购买而增加的生物资产。

（2）因自行培育而增加的生物资产。

（3）因出售而减少的生物资产。

（4）因盘亏或死亡、毁损而减少的生物资产。

（5）计提的折旧及计提的跌价准备或减值准备。

（6）其他变动。

2.非货币性资产交换

根据《企业会计准则第7号——非货币性资产交换》的规定，非货币性资产交换是指企业主要以固定资产、无形资产、投资性房地产和长期股权投资等非货币性资产进行的交换。该交换不涉及或只涉及少量的货币性资产（即补价）。

企业应当在附注中披露与非货币性资产交换有关的下列信息：

（1）非货币性资产交换是否具有商业实质及其原因。

（2）换入资产、换出资产的类别。

（3）换入资产初始计量金额的确定方式。

（4）换入资产、换出资产的公允价值以及换出资产的账面价值。

（5）非货币性资产交换确认的损益。

3.资产减值

根据《企业会计准则第8号——资产减值》的规定，资产减值是指资产的可收回金额低于其账面价值。

企业应在附注中披露与资产减值有关的下列信息：

（1）当期确认的各项资产减值损失金额。

（2）计提的各项资产减值准备累计金额。

（3）提供分部报告信息的，应披露每个报告分部当期确认的减值损失金额。

发生重大资产减值损失的，应在附注中披露导致每项重大资产减值损失的原因和当期确认的重大资产减值损失的金额。

（1）发生重大减值损失的资产是单项资产的，应披露该单项资产的性质。提供分部报告信息的，还应披露该项资产所属的主要报告分部。

（2）发生重大减值损失的资产是资产组（或资产组组合，下同）的，应当披露以下内容：①资产组的基本情况。②资产组中所包括的各项资产与当期确认的减值损失金额。③资产组的组成与前期相比发生变化的，应当披露变化的原因以及前期和当期资产组组成情况。

对于重大资产减值，应在附注中披露资产（或资产组，下同）可收回金额的确定方法。

（1）可收回金额按资产的公允价值减去处置费用后的净额确定的，还应披露公允价值减去处置费用后的净额的估计基础。

（2）可收回金额按资产预计未来现金流量的现值确定的，还应披露估计其现值时所采用的折现率，以及该资产前期可收回金额也按照其预计未来现金流量的现值确定的情况下，前期所采用的折现率。

《企业会计准则第8号——资产减值》第二十六条（一）、（二）和第二十七条（二）第（2）项信息应按照资产类别予以披露。资产类别应以资产在企业生产经营活动中的性质或者功能是否相同或者相似为基础确定。

分摊到某资产组的商誉（或者使用寿命不确定的无形资产，下同）的账面价值占商誉账面价值总额的比例重大的，应在附注中披露下列信息：

（1）分摊到该资产组的商誉的账面价值。

（2）该资产组可收回金额的确定方法。

①可收回金额按照资产组公允价值减去处置费用后的净额确定的，还应披露确定公允价值减去处置费用后的净额的方法。资产组的公允价值减去处置费用后的净额不是按照市场价格确定的，应当披露下列信息：第一，企业管理层在确定公允价值减去处置费用后的净额时所采用的各关键假设及其依据。第二，企业管理层在确定各关键假设相关的价值时，是否与企业历史经验或者外部信息来源相一致；如不一致，应说明理由。

②可收回金额按照资产组预计未来现金流量的现值确定的，应当披露下列信息：第一，企业管理层预计未来现金流量的各关键假设及其依据。第二，企业管理层在确定各关键假设相关的价值时，是否与企业历史经验或者外部信息来源相一致；如不一致，应说明理由。第三，估计现值时所采用的折现率。

商誉的全部或者部分账面价值分摊到多个资产组，且分摊到每个资产组的商誉的账面价值占商誉账面价值总额的比例不重大的，企业应在附注中说明这一情况以及分摊到上述资产组的商誉合计金额。商誉账面价值按照相同的关键假设分摊到上述多个资产组，且分摊的商誉合计金额占商誉账面价值总额的比例重大的，企业应在附注中说明这一情况，并披露下列信息：

（1）分摊到上述资产组的商誉的账面价值合计。

（2）采用的关键假设及其依据。

（3）企业管理层在确定各关键假设相关的价值时，是否与企业历史经验或者外部信息来源相一致；如不一致，应说明理由。

4.企业年金基金

根据《企业会计准则第10号——企业年金基金》的规定，企业年金基金是指根据依法制订的企业年金计划筹集的资金及其投资运营收益形成的企业补充养老保险基金。企业年金基金应当作为独立的会计主体进行确认、计量和列报。

附注应当披露下列信息：

（1）企业年金计划的主要内容及重大变化。

（2）投资种类、金额及公允价值的确定方法。

（3）各类投资占投资总额的比例。

（4）可能使投资价值受到重大影响的其他事项。

5.股份支付

根据《企业会计准则第11号——股份支付》的规定，股份支付是指企业为获取职工和其他方提供服务而授予权益工具或者承担以权益工具为基础确定的负债的交易。股份支付分为以权益结算的股份支付和以现金结算的股份支付。以权益结算的股份支付，是指企业为获取服务以股份或其他权益工具作为对价进行结算的交易。以现金结算的股份支付，是指企业为获取服务承担以股份或其他权益工具为基础计算确定的交付现金或其他资产义务的交易。

企业应当在附注中披露与股份支付有关的下列信息：

（1）当期授予、行权和失效的各项权益工具总额。

（2）期末发行在外的股份期权或其他权益工具行权价格的范围和合同剩余期限。

（3）当期行权的股份期权或其他权益工具以其行权日价格计算的加权平均价格。

（4）权益工具公允价值的确定方法。

企业对性质相似的股份支付信息可以合并披露。

企业应当在附注中披露股份支付交易对当期财务状况和经营成果的影响，至少包括下列信息：

（1）当期因以权益结算的股份支付而确认的费用总额。

（2）当期因以现金结算的股份支付而确认的费用总额。

（3）当期以股份支付换取的职工服务总额及其他方服务总额。

6.债务重组

根据《企业会计准则第12号——债务重组》的规定，债务重组是指在不改变交易对手方的情况下，经债权人和债务人协定或法院裁定，就清偿债务的时间、金额或方式等重新达成协议的交易。

债务人应在附注中披露与债务重组有关的下列信息：

（1）债务重组的方式。

（2）确认的债务重组利得总额。

（3）将债务转为资本所导致的股本（或实收资本）增加额。

（4）或有应付金额。

（5）债务重组中转让的非现金资产的公允价值、由债务转成的股份的公允价值和修改其他债务条件后债务的公允价值的确定方法及依据。

债权人应在附注中披露与债务重组有关的下列信息：

（1）债务重组方式。

（2）确认的债务重组损失总额。

（3）债权转为股份所导致的投资增加额及该投资占债务人股份总额的比例。

（4）或有应收金额。

（5）债务重组中受让的非现金资产的公允价值、由债权转成的股份的公允价值和修改其他债务条件后债权的公允价值的确定方法及依据。

7.建造合同

根据《企业会计准则第15号——建造合同》的规定，企业应在附注中披露与建造合同有关的下列信息：

（1）各项合同总金额，以及确定合同完工进度的方法。

（2）各项合同累计已发生成本、累计已确认毛利（或亏损）。

（3）各项合同已办理结算的价款金额。

（4）当期预计损失的原因和金额。

8.政府补助

根据《企业会计准则第16号——政府补助》的规定，企业应在附注中披露与政府补助有关的下列信息：

（1）政府补助的种类及金额。

（2）计入当期损益的政府补助金额。

（3）本期返还的政府补助金额及原因。

9.借款费用

根据《企业会计准则第17号——借款费用》的规定，企业应在附注中披露与借款费用有关的下列信息：

（1）当期资本化的借款费用金额。

（2）当期用于计算确定借款费用资本化金额的资本化率。

10.所得税

根据《企业会计准则第18号——所得税》的规定，企业应在附注中披露与所得税有关的下列信息：

（1）所得税费用（收益）的主要组成部分。

（2）所得税费用（收益）与会计利润关系的说明。

（3）未确认递延所得税资产的可抵扣暂时性差异、可抵扣亏损的金额（如果存在到期日，则还应披露到期日）。

（4）对每一类暂时性差异和可抵扣亏损，在列报期间确认的递延所得税资产或递延所得税负债的金额，确认递延所得税资产的依据。

（5）未确认递延所得税负债的，与对子公司、联营企业及合营企业投资相关的暂时性差异金额。

11.外币折算

根据《企业会计准则第19号——外币折算》的规定，企业应在附注中披露与外币折算有关的下列信息：

（1）企业及其境外经营选定的记账本位币及选定的原因。记账本位币发生变更的，需说明变更理由。

（2）采用近似汇率的，近似汇率的确定方法。

（3）计入当期损益的汇兑差额。

（4）处置境外经营对外币会计报表折算差额的影响。

12.租赁

根据《企业会计准则第21号——租赁》的规定，租赁是指在一定期间内，出租人将资产的使用权让与承租人以获取对价的合同。

承租人应在附注中披露与融资租赁有关的下列信息：

（1）各类租入固定资产的期初和期末原价、累计折旧额。

（2）资产负债表日后连续三个会计年度每年将支付的最低租赁付款额，以及以后年度将支付的最低租赁付款额总额。

（3）未确认融资费用的余额，以及分摊未确认融资费用所采用的方法。

出租人应在资产负债表中，将应收融资租赁款减去未实现融资收益的差额，作为长期债权列示。

出租人应在附注中披露与融资租赁有关的下列信息：

（1）资产负债表日后连续三个会计年度每年将收到的最低租赁收款额，以及以后年度将收到的最低租赁收款额总额。

（2）未实现融资收益的余额，以及分配未实现融资收益所采用的方法。

承租人对于重大的经营租赁，应在附注中披露下列信息：

（1）资产负债表日后连续三个会计年度每年将支付的不可撤销经营租赁的最

低租赁付款额。

（2）以后年度将支付的不可撤销经营租赁的最低租赁付款额总额。

出租人对经营租赁，应披露各类租出资产的账面价值。承租人和出租人应当披露各售后租回交易以及售后租回合同中的重要条款。

13.企业合并

根据《企业会计准则第20号——企业合并》的规定，企业合并是指将两个或者两个以上单独的企业合并形成一个报告主体的交易或事项。

企业合并发生当期的期末，合并方应在附注中披露与同一控制下企业合并有关的下列信息：

（1）参与合并企业的基本情况。

（2）属于同一控制下企业合并的判断依据。

（3）合并日的确定依据。

（4）以支付现金、转让非现金资产以及承担债务作为合并对价的，所支付对价在合并日的账面价值；以发行权益性证券作为合并对价的，合并中发行权益性证券的数量及定价原则，以及参与合并各方交换有表决权股份的比例。

（5）被合并方的资产、负债在上一会计期间资产负债表日及合并日的账面价值；被合并方自合并当期期初至合并日的收入、净利润、现金流量等情况。

（6）被合并方采用的会计政策与合并方不一致所作调整情况的说明。

（7）合并后已处置或准备处置被合并方的资产、负债的账面价值、处置价格等。

企业合并发生当期的期末，购买方应当在附注中披露与非同一控制下企业合并有关的下列信息：

（1）参与合并企业的基本情况。

（2）购买日的确定依据。

（3）合并成本的构成及其账面价值、公允价值及公允价值的确定方法。

（4）被购买方的各项可辨认资产、负债在上一会计期间资产负债表日及购买日的账面价值和公允价值。

（5）合并合同或协议约定将承担被购买方或有负债的情况。

（6）被购买方自购买日起至报告期期末的收入、净利润和现金流量等情况。

（7）商誉的金额及其确定方法。

（8）因合并成本小于合并中取得的被购买方可辨认净资产公允价值的份额计入当期损益的金额。

（9）合并后已处置或准备处置被购买方的资产、负债的账面价值、处置价格等。

14.每股收益

根据《企业会计准则第34号——每股收益》的规定，企业应当在附注中披露与每股收益有关的下列信息：

（1）基本每股收益和稀释每股收益的计算过程。

（2）列报期间不具有稀释性但以后期间很可能具有稀释性的潜在普通股。

（3）在资产负债表日至财务报告批准报出日之间，企业发行在外的普通股或潜在普通股的股数发生重大变化的情况。

本章小结

本章主要介绍了报表附注需要关注的内容和会计准则规定的附注披露要求。会计报表附注是企业财务报告中必不可少的组成部分，它对会计报表的编制基础、编制原则和方法以及主要项目等进行解释和补充说明，以帮助会计报表使用者更全面、准确地理解会计报表的内容。本章的重点是了解报表附注需要关注的内容，掌握各会计准则对附注的披露要求。

思考题（思政×业务）

1.在会计报表附注中，如何提供准确、全面的信息，以体现实事求是和科学决策的要求？

2.如何通过会计报表附注中的信息来展示企业在技术创新、人才培养等方面的努力和成果？

第7章

会计报表之间的钩稽关系

内容导读

在企业财务管理中，有三个非常重要的目标需要关注：首先是创造足够的利润。利润是企业生存发展的必要条件。其次是控制资产负债结构，确保企业的资产与负债比例保持在适度的范围内，避免出现流动性差和杠杆风险过高的问题。最后是获得现金流。企业必须创造足够的现金流，否则企业运营将面临问题。

四张会计报表对应不同的财务目标。深刻理解四张报表之间的显性和隐性关系，以及它们相互之间的影响，对于我们解读会计报表具有极为重要的意义。

7.1 解读会计报表的内涵

资产负债表、利润表和现金流量表是会计报表中具有重要财务内涵的表格。从财务能力的角度来看，资产负债表展示了企业的实力；利润表反映了企业的经营能力，展示了企业在特定时期内的盈利状况；现金流量表则反映了企业的资金流动情况，说明了企业的资金来源和使用情况是否符合预期。从投入产出的角度来解读，资产负债表反映了企业的资金和资源的投入情况，利润表则是产出的表现，而现金流量表则反映了产出的质量。如果从存量和流量的角度来解读，资产负债表提供了企业的存量信息，而利润表和现金流量表则提供了企业的流量信息。所有者权益变动表是资产负债表中"所有者权益"部分的详细展示，它的功能和资产负债表是一致的。理解了资产负债表的内容，也就能够理解所有者权益变动表。

7.1.1 从实力、能力与质量三个方面解读会计报表

1.资产负债表——反映企业的财务实力

（1）从整体来看，资产负债表反映了企业的价值，即以历史成本计价的账面

价值。所有者权益则反映了企业资产扣除负债后的净资产，而负债一方面反映了公司的财务风险，另一方面反映了企业的信用能力。

（2）从资产方面来看，"总资产"反映了企业从成立以来所积累的资产规模。资产越多，企业的实力就越强大。

（3）从负债的角度来看，负债的规模大小从侧面反映了企业的信用能力。

①通过观察"短期借款"科目，可以了解企业从银行等金融机构获得的贷款数量。贷款规模越大，表明金融机构对该企业的信用评价越高，授信额度也越大。

②通过观察"应付账款"科目，可以了解企业欠供应商的资金量。金额越大，表明企业在供应商心中的信誉度越高，企业在采购方面的议价能力也越强。

③通过观察"应付职工薪酬"科目，可以了解企业每月支付给员工的工资、五险一金和福利的金额。金额越大，表明企业的工资待遇越好或者公司的人员数量越多，侧面反映了企业的规模和实力。

④通过观察"应交税费"科目，可以了解企业短期应缴纳的各种税费金额。金额越大，表明公司应纳税额越大，也表明企业经营业务的开展情况越好。

小提示7-1

从实力的角度来理解负债，负债的高低可以反映企业的信用度和实力。然而，需要注意的是，负债的增加也会带来更大的风险。从财务管理的角度来看，负债并非越高越好，而是需要根据企业的经营状况和财务状况来合理管理负债，以控制好财务风险。

（4）从所有者权益的角度来看，所有者权益就是企业的净资产。净资产反映的是企业在不考虑负债资本的情况下的自有资本实力。

2.利润表——反映企业的经营能力

（1）从收入的角度来看，主营业务收入的多少实际上反映了企业在战略定位、产品策略、营销策略和市场竞争力等方面的能力强弱。销售是企业的核心，也是企业发展的引擎。如果销售能力强，销售收入规模大，表明企业具备较强的综合经营能力。

（2）从利润的角度来看，利润反映了企业是否盈利以及企业经营的结果如何，同时也反映了企业的经营能力。然而，仅凭利润和亏损来断定企业的经营能力强弱是片面的，还需要深入分析盈利是否具有持续性，亏损是暂时的还是长期的。只有在深入分析之后，才能对企业的经营能力给出更加客观的评价。

（3）从期间费用的角度来看，可以看出企业的支出情况以及企业的费用控制能力。如果企业的期间费用占收入的比重一直低于同类公司，且低于行业平均水平，那么可以认为这样的企业具备较强的费用控制能力。

3.现金流量表——反映企业的经营质量

（1）通过现金流量表可以清楚地了解企业的销售收入是否能够及时收到销售回款，以及企业的经营利润是否能够及时转化为现金。只有当企业的收入和利润能够顺利转化为现金流入时，才能体现出高质量的经营效益。

（2）通过现金流量表可以判断企业现金的来源渠道是否正常。一般来说，只有当企业的现金主要来源于经营活动时，才能认为企业的经营活动是正常的，现金流也是健康的。如果企业的现金主要依赖于投资活动或筹资活动，那么企业的现金流就很难持续。

（3）通过现金流量表，我们可以评估企业投资活动所带来的现金的质量。如果利润表中的"投资收益"无法变现为现金，那么这样的投资收益质量也是不可靠的。

7.1.2　从投入与产出的角度解读会计报表

1.资产负债表——反映企业的"投入"情况

资产负债表中的"资产"可以被理解为"资金的运用"。企业管理者将企业的资金（包括债务资金和所有者权益资金）运用于特定的领域，这实际上是一种"投入"行为。资产负债表能够反映企业资金的投入领域。

2.利润表——反映企业的"产出"情况

利润表反映了企业所产出的结果，其中营业收入代表经营活动的毛产出，而净利润则代表企业效益的净产出。利润表中的产出不仅包括经营活动的产出，还包括投资活动的产出。利润表中的投资收益和公允价值变动损益科目反映了资产负债表中投资行为的产出情况。

3.现金流量表——反映企业的"产出"和"产出质量"

现金流量表可以从两个方面反映企业的产出情况。首先，现金流是一种产出，它反映了企业资源投入的结果，即产生了多少现金流。其次，现金流能够检验产出的质量，通过现金流可以评估收入和利润产出的质量如何。利润表反映了企业产出水平的高低，这主要体现在销售收入和利润指标上。因此，通过现金流量表可以检验企业经营的产出质量。此外，现金流量表不仅能反映企业经营活动的产出情况，还能反映投资活动（如股权投资、交易性金融资产投资等）的产出质量。

7.1.3 从存量信息与流量信息的角度解读会计报表

1.资产负债表——反映企业的存量信息

资产负债表反映了企业在某一特定时点上的存量信息，即企业资产、负债和所有者权益的结存数量。通过资产负债表的存量信息，可以分析企业当前的资产构成是否合理、资本结构是否失衡，以及债务风险是否过高。同时，还可以评估企业当前拥有的资产、资源和资本是否满足未来的发展需求，是否需要进行调整和优化。

2.利润表和现金流量表——反映企业的流量信息

利润表和现金流量表的流量信息能够提供一定时期内企业的经营过程和经营动态。通过这些流量信息，可以分析企业在特定时期内的经营效果是否达到预期，并且能够识别存在的问题。同时，这也能够帮助我们确定下一步优化的重点所在。

小提示7-2

资产负债表、利润表和现金流量表之间存在着密切的关系，这个关系本质上是存量和流量之间的各种关系。资产负债表的存量信息会直接影响利润表的流量信息。反过来，利润表中的营业收入和利润会直接或间接地影响资产负债表中代表存量信息的货币资金、应收账款、应收票据和未分配利润。此外，资产负债表中的短期借款会直接影响现金流量表中的筹资活动，而现金流量表对资产负债表中的货币资金产生最直接的影响。因此，可以说流量信息也会对存量信息产生影响。

7.2 资产负债表与利润表之间的钩稽关系

7.2.1 资产负债表与利润表的会计恒等式

资产负债表的会计恒等式：

资产=负债+所有者权益

利润表的会计等式：

收入−费用=利润

根据会计报表编制规则，利润表中当期的利润需要通过核算"未分配利润"的方式完全结转到资产负债表中的所有者权益部分。可以通过一个综合的会计方程式将资产负债表和利润表连接起来：

资产=负债+所有者权益+当期净利润（亏损为负值）

7.2.2　资产负债表与利润表间科目的关联性

1.货币资金、应收票据、应收账款对应营业收入

利润表中的营业收入与资产负债表中的货币资金、应收票据和应收账款是相互对应的。如果销售是通过现金交易进行的，那么营业收入就对应着货币资金。如果销售是通过承兑汇票进行的，那么营业收入就对应着应收票据。如果销售是以赊销的方式进行的，即销售完成后暂未收到货款，那么营业收入就对应着应收账款。

2.存货对应营业成本

利润表中的营业成本对应资产负债表中的存货科目，存货与营业成本的关系如图7-1所示。

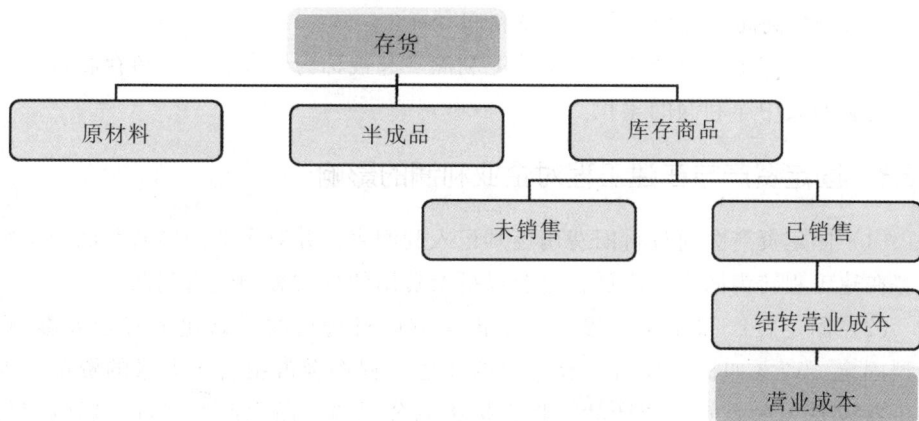

图7-1　存货与营业成本的关系

3.交易性金融资产、长期股权投资对应投资收益

交易性金融资产和长期股权投资都是对外投资，所产生的收益和损失都通过投资收益科目进行核算。投资收益科目不仅限于交易性金融资产和长期股权投资，还包括债权投资、投资性房地产、衍生金融资产等。

4.固定资产对应营业成本、销售费用、管理费用、研发费用等

资产负债表中的固定资产科目对应的利润表科目比较多。这些利润表科目包括营业成本、销售费用、管理费用、研发费用等。原因在于固定资产的折旧费用是按照固定资产的用途进行分摊的。

5.无形资产对应管理费用、研发费用等

无形资产根据其用途进行摊销，在会计上通常会计入管理费用和研发费用。当然，也有一部分无形资产是用于生产目的，需要计入生产成本或制造费用，并最终结转至营业成本。另外，还有一部分无形资产是对外出租的，对应的无形资产摊销会计入其他业务成本。

6.应付职工薪酬对应期间费用与营业成本

资产负债表中的应付职工薪酬与利润表中的管理费用、销售费用、研发费用、营业成本相对应。应付职工薪酬根据费用的性质记入相应的损益类科目中。

7.应交税费对应税金及附加、所得税费用

企业在经营活动中发生的相关税费都会通过"税金及附加"科目进行核算，这些税费会记入贷方科目"应交税费"。企业所得税的计提也是通过应交税费科目，所以所得税费用与应交税费是相关的。

8.短期借款、长期借款对应财务费用

短期借款和长期借款科目所发生的利息支出，除了需要进行资本化的部分外，通常会计入财务费用。

9.未分配利润、盈余公积对应净利润

在财务管理中，盈余公积与未分配利润一起被称为留存收益。留存收益本质上就是利润表中净利润的累积。

7.2.3 固定资产与在建工程对企业利润的影响

（1）固定资产会通过折旧费用逐月记入利润表，并对企业的经营利润产生影响。在建工程转为固定资产后，也会以折旧费用的形式影响经营利润。

（2）固定资产和在建工程在资金占用方面对公司的经营业绩有较大影响。大型固定资产（如机器设备）和重要的在建工程都会占用公司大量的资金。如果机器设备无法有效生产产品，将直接影响公司的产品生产，并进而影响销售收入。

7.2.4 有息负债对财务杠杆与利润率的影响

有息负债是指企业负债中需要支付利息的债务。一般情况下，"短期借款""长期借款""应付债券""一年内到期的非流动负债"等科目都属于有息负债。有息负债增加对财务杠杆与利润率的影响如图7-2所示。首先，利息费用的增加导致了企业财务费用的增加，从而降低了企业的营业利润，进而影响了企业的盈利能力。其次，有息负债放大了企业的财务杠杆，增加了财务风险，也增加了企业盈利波动的风险。因此，在分析企业的财务风险时，除了考虑资产负债率的高低，还要重点关注有息负债在总负债中的比重。

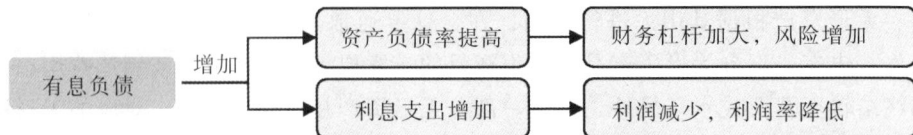

图7-2　有息负债增加对财务杠杆与利润率的影响

7.2.5 资产负债表与利润表之间的互相影响

1.资产负债表对利润表的影响

（1）资产负债表中资金的运用影响利润表的产出能力

如果企业的资金运用得当，资金投入的领域都取得了成效，创造了效益，那么企业获得的利润就会增加，盈利能力也会增强。相反，如果企业的资金运用不当，资金投入了没有产生效益的领域，占用资金的相关资产都属于无效资产，利润表中的利润就会减少，盈利能力也会减弱。

（2）资产负债结构影响利润表的利润及企业的盈利能力

资产负债结构是指负债和所有者权益所占总资产的比例关系。资产负债结构尤其是负债所占的比重，能够对利润表的利润以及企业的盈利能力产生影响，适度的有息负债增加，在一定的条件下（如投资利润率高于资金成本），能够对企业的盈利产生积极的杠杆效应，可以带来额外收益。但是，如果资产负债率过高，即杠杆系数过高，会加大盈利能力的波动幅度，从而增加企业的财务风险。

2.利润表对资产负债表的影响

（1）利润表的经营成果能够改变资产与所有者权益

企业在创造收入的同时，也会增加货币资金、应收账款、应收票据等资产。而企业所创造的净利润也会直接影响资产负债表中的"未分配利润"（如果亏损则减少）。需要注意的是，"未分配利润"本来就是属于所有者权益的一部分。因此，利润表中净利润的变化会直接影响资产负债表中所有者权益的变化。

（2）利润表的经营成果能够改变资本结构，影响债务风险

企业经营能力强，则创造更多的收入和利润，进而增加资产和权益。这将引发良性的资本结构变化，提高所有者权益在资产中的比重，降低资产负债率，从而减少债务风险，改善财务状况。相反，企业经营能力弱，管理效率低，则创造的收入和利润较少，可能导致资产负债表中的所有者权益减少。这会降低权益资金在资产中的比重，增加资产负债率，进而增加债务风险，恶化财务状况。

7.3 资产负债表与现金流量表之间的钩稽关系

资产负债表与现金流量表之间的关系是通过货币资金科目直接联系在一起的。实际上资产负债表中的许多科目与现金流量表中的项目密切相关。企业财务战略的改变也会影响资产负债表和现金流量表的收支情况。

7.3.1 资产负债表与现金流量表的关系

现金流量表与资产负债表的关系如图7-3所示。

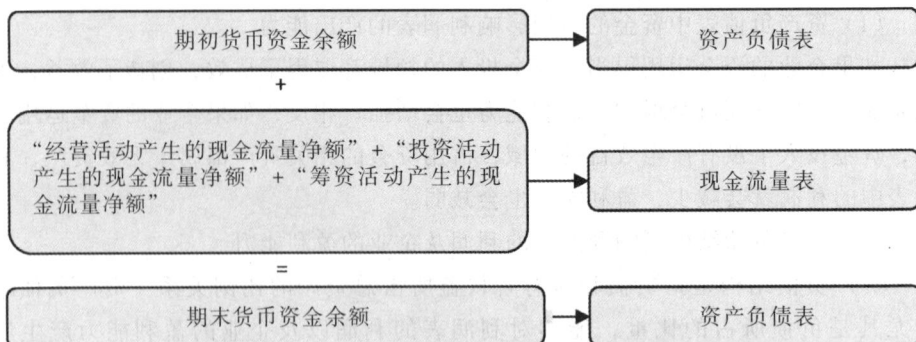

图7-3 现金流量表与资产负债表的关系

资产负债表中的货币资金期初和期末余额只是反映了企业在特定时间点上持有的现金存量情况。现金流量表则展示了一段时间内现金流动的过程，即现金的来源。通过分析现金流量表，我们可以清楚地了解企业现金是来自经营活动、投资活动还是筹资活动。

7.3.2 企业财务战略调整对资产负债结构与现金流的影响

财务战略是企业整体发展战略的一部分，通常会随着企业发展战略的变化而进行调整。企业发展战略对企业财务战略产生影响，而财务战略的变化必然会影响企业资产负债规模和结构。企业的财务战略涵盖了制定相应的投资战略和融资战略。投资战略包括对内投资和对外投资，而对外投资又涉及单独设立新公司、控股外部公司或参股外单位等。融资战略则涉及股权融资和债券融资策略。这些财务战略的变化会影响企业的资产负债表，并对企业的现金流量表产生影响。

7.4 资产负债表与所有者权益变动表之间的钩稽关系

7.4.1 所有者权益变动表是资产负债表中"所有者权益"项目的放大

通过查看所有者权益变动表的表头项目，可以了解实收资本、资本公积、其他综合收益、盈余公积和未分配利润都是资产负债表中所有者权益的组成部分。因此，所有者权益变动表可以被看作资产负债表中"所有者权益"项目的详细展示和放大。

7.4.2　所有者权益变动表与资产负债表中"所有者权益"项目的区别

所有者权益变动表与资产负债表中的"所有者权益"项目最大的区别在于，前者记录了所有者权益的变动情况，而后者仅仅是对期末余额的记录。可以说，所有者权益变动表是从资产负债表中的"所有者权益"项目发展而来的，是对其进行了详细展示。

7.5　利润表与现金流量表之间的钩稽关系

按照权责发生制编制的利润表无法准确反映企业现金的流入和流出情况。因此，企业需要另外一份重要的会计报表，即现金流量表，它是按照收付实现制原则编制的，反映了企业资金流通状况。

7.5.1　利润表与现金流量表的关系

（1）从长期来看，企业的盈利状况决定了现金流的状况。健康的企业必须在获得盈利的情况下持续产生经营活动的现金流，才能实现长期的发展。

（2）利润表反映企业的盈利能力，而现金流量表则反映企业盈利的质量。如果企业的收入和利润很高，利润表显示其盈利能力强，但现金流量表表现不佳，说明企业创造的收入未能及时转化为现金流入。

（3）利润表和现金流量表之间存在许多项目之间的紧密关系。例如，现金流量表中的"销售商品、提供劳务收到的现金"项目的金额来自利润表中的"营业收入"。同样，利润表中的"营业成本"与现金流量表中的"购买商品、接受劳务支付的现金"项目存在关联。

小思考7-1

有人说："如果没有利润，企业就失去了存在的意义；如果没有现金，企业则失去了存在的机会。"你同意这种说法吗？请你说明利润与现金流量各自的意义。

7.5.2　利用现金流量表检验利润表质量

（1）通过将现金流量表中的"经营活动产生的现金流量净额"与利润表中的"营业收入"进行对比，可以评估企业的营业收入所带来的经营现金流入情况，进而判断营业收入的质量。

（2）将经营活动现金流量净额与利润表中的净利润进行对比，可以在一定程度上反映企业利润的质量，即每1元账面利润中有多少是以现金形式实现的。这一指标只在企业正常经营、能创造利润并获得现金净流量的情况下才具有意义。

（3）将销售商品和提供劳务所收到的现金与利润表反映的主营业务收入进行对比，可以反映企业销售回收现金的情况，进而反映销售质量。

本章小结

所谓报表间的钩稽关系，主要指不同会计报表之间以及同一会计报表的不同会计科目或报表项目之间存在一定的关联或逻辑对应关系。

在表内钩稽关系方面，主要有以下几种：

资产=负债+所有者权益

收入−费用=利润

现金流入−现金流出=现金净流量

一般来说，表内钩稽关系相对简单，但是表间的钩稽关系就比较复杂了，因为表间的钩稽关系涉及两张或两张以上的会计报表。本章的重点是介绍会计报表之间的钩稽关系，包括资产负债表与利润表之间的钩稽关系、资产负债表与现金流量表之间的钩稽关系、资产负债表与所有者权益变动表之间的关系、利润表与现金流量表之间的钩稽关系。

思考题（思政×业务）

1.在资产负债表和利润表之间，如何体现企业在全面建设社会主义现代化国家方面的财务支持和贡献？举例说明资产负债表中的资产项目如何对应到利润表中的收入和费用项目。

2.在利润表和现金流量表之间，如何体现企业在经济发展和可持续发展方面的财务表现？举例说明利润表中的盈余和现金流量表中的现金净增加如何相互关联。

3.在利润表和所有者权益变动表之间，如何体现企业在人民主体地位和共享发展成果方面的财务表现？举例说明利润表中的净利润如何反映在所有者权益变动表中的留存收益和股本增加。

第8章

报表数据在财务分析中的运用

内容导读

对于企业来说，会计报表编制完成后，不应仅停留在看报表数据的层面，还应当对报表数据进行细致分析，从而切实了解企业的经营状况，以便做出正确的企业经营决策。本章主要介绍如何运用报表数据分析企业经营状况。

8.1 运用财务指标分析企业财务能力

8.1.1 运用财务指标分析企业偿债能力

1.综合分析企业偿债能力

在分析企业的偿债能力时，应综合考虑影响偿债能力的财务因素，以便全面分析企业的偿债能力，如图8-1所示。

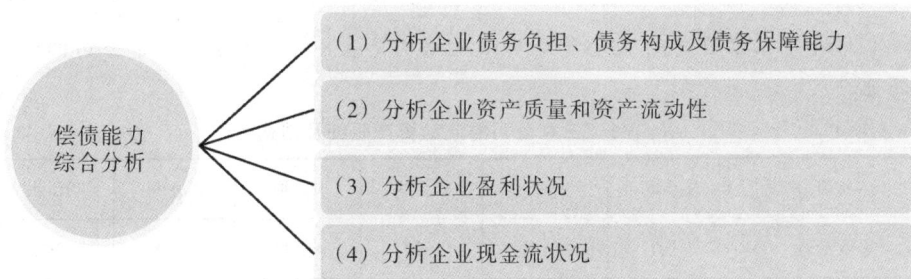

图8-1 企业偿债能力综合分析

（1）分析企业债务负担、债务构成及债务保障能力

①考查企业债务负担。可以通过分析资产负债率和产权比率两个指标来评估债务负担（如图8-2所示）。

②考查企业债务构成。债务构成是指企业负债所包括的具体项目，如应付账

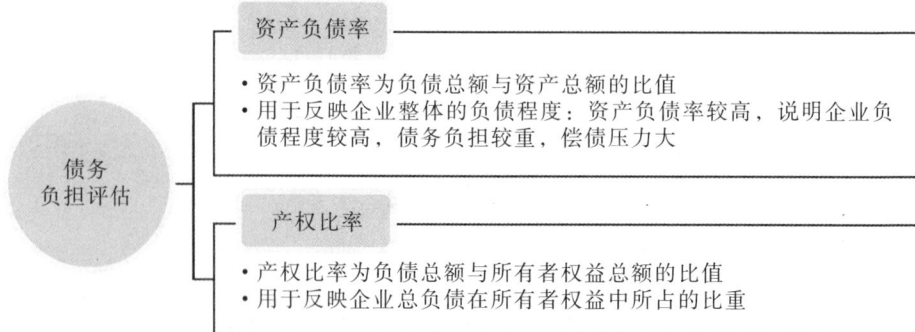

图8-2 评估债务负担的两个指标

款、应付职工薪酬、短期借款、预收款项、其他应付款和长期应付款等。不同的负债项目对偿付的压力也不同,应重点分析有息负债和无息负债。可以通过计算有息负债占总负债的比率来评估企业的偿债压力,有息负债比率越高,企业的偿债压力越大。

③考查企业债务保障能力。债务保障能力的分析需要考虑企业利润对债务利息的保障能力以及现金流对债务的保障能力。利息保障倍数指标反映了息税前利润对利息支出的保障能力,而EBITDA利息保障倍数指标则表示息税折旧摊销前利润对利息支出的保障能力。现金流动负债比率则衡量了经营活动产生的现金净流量对流动负债的保障能力。

(2)分析企业资产质量和资产流动性

①考查企业资产流动性。在分析资产的流动性时,首先,要分析资产的质量以及资产的变现能力。其次,要分析企业经营活动创造的现金流入能力。最后,要做好资金流动性的科学管理。

典型实例8-1 分析X、Y、Z三家公司的资产流动性

X、Y、Z三家公司的流动资产明细及结构见表8-1,试分析三家公司的资产流动性。

表8-1 X、Y、Z三家公司的流动资产明细及结构 金额单位:万元

项目	X公司	比重	Y公司	比重	Z公司	比重
货币资金	50	50%	50	50%	20	20%
交易性金融资产	15	15%	10	10%	10	10%
应收账款	30	30%	20	20%	30	30%
存货	5	5%	20	20%	40	40%
流动资产合计	100	100%	100	100%	100	100%

分析要点：

虽然 X、Y、Z 三家公司的流动资产金额都是 100 万元，但资产流动性完全不同。Z 公司的流动性最差，因为其货币资金占比只有 20%，低于其他两家公司，而存货占比高达 40%，高于其他两家公司。虽然 X 公司和 Y 公司的货币资金占流动资产比重相同，都为 50%，但 X 公司的交易性金融资产占比为 15%，高于 Y 公司的 10%。此外，X 公司的存货比重为 5%，也低于 Y 公司。因此，综合考虑，X 公司的流动性要优于 Y 公司。因此，综合对比来看，X 公司的流动性最好，Y 公司次之，Z 公司最差。

②考查企业资产结构。第一，比较流动资产和非流动资产的比例，高比例的非流动资产可能导致企业的资产流动性较弱。第二，关注流动资产与流动负债的比率，即流动比率。较高的流动比率表示流动资产对流动负债的保障能力较强。第三，计算速动比率，并结合速动比率来评估企业的短期偿债能力。高速动比率意味着速动资产（即扣除存货的流动资产）对流动负债的保障能力较强。低速动比率则表示速动资产对流动负债的保障能力较弱。第四，考虑企业可支取的现金和可随时变现的短期资产，包括货币资金、交易性金融资产和应收票据等。

③考查企业资产质量。资产质量分析主要涉及资产的构成明细和市场价值。第一，对于存货，要关注存货的构成明细、是否具有变现价值以及是否正常周转。第二，对于应收账款，需要考虑账龄和主要欠款客户的信用状况。第三，对于固定资产，需要分析其构成明细，不同类型的固定资产具有不同的市价。第四，对于交易性金融资产，需要关注其投资项目。第五，对于长期股权投资，需要考虑投资项目或企业，并评估长期投资是否带来投资收益，以及是否涉及资产转移。第六，对于在建工程，需要关注工程项目、进度以及是否需要进一步投入大量资金或即将完工等情况。

（3）分析企业盈利状况

可以通过销售净利率、销售毛利、营业利润率、净资产收益率等指标来评估企业的盈利能力。在盈利能力分析中，重点关注企业主营业务的盈利能力，排除非经常性损益对盈利能力的影响。

（4）分析企业现金流状况

可以使用现金流动负债比率等与现金流相关的指标来分析企业的偿债能力。

2.偿债能力分析的常用指标

（1）流动比率。流动比率用于反映企业以流动资产支付流动负债的能力，也是一种流动资产对流动负债的保障能力。

流动比率=流动资产÷流动负债×100%

一般来说，流动比率越高，企业的短期偿债能力就越强，短期债权人的利益安全程度也越高。然而，流动比率过高可能意味着流动资产的闲置，从而影响企业的盈利能力。通常认为，流动比率的下限为 1，而适当或合理的流动比率为 2，即流动资产与流动负债之比为2∶1。

小提示8-1

在分析企业的流动比率时，应该将其与同行业平均流动比率进行对比。因为在某些行业中，流动比率低于2被认为是正常的，但在其他行业中，流动比率必须大于2。一般来说，营业周期越短，流动比率应该越低；营业周期越长，流动比率应该越高。在比较流动比率时，应同时计算应收账款周转率和存货周转率，通过计算可以帮助分析了解企业流动性问题是否存在于应收账款或存货方面。如果应收账款或存货的流动性存在问题，则要求流动比率更高一些。高的流动比率仅仅说明企业拥有足够的可变现流动资产来偿还债务，并不能表明企业有足够的现金来偿债。在分析流动比率的基础上，企业应进一步对流动资产和流动负债的构成进行分析。

流动比率是一个静态指标，仅反映某一时点的财务数据，容易进行人为调整。在企业的流动比率大于1的情况下，如果流动资产和流动负债同时增加相同数额，流动比率会降低；相反，如果流动资产和流动负债同时减少相同数额，流动比率会升高。在企业流动比率小于1的情况下，操纵手段正好相反。因此，在分析时应先观察期末的经济业务是否有异常，然后再进行计算。

（2）速动比率。速动比率是用于反映企业短期偿债能力的指标。

速动比率=（流动资产−存货）÷流动负债×100%

速动比率越高，表明企业偿还流动负债的能力越强。国际上通常认为速动比率等于1时较为适当。如果速动比率小于1，可能意味着企业面临较大的偿债风险。如果速动比率大于1，企业偿还债务的安全性较高，但也可能因为企业现金及应收账款占用过多而增加机会成本。然而，不同行业和规模的企业所适用的指标判定并非绝对。

小思考8-1

如果企业的速动比率大于1，能否说明企业的偿债能力强？

即使企业的速动比率大于1，也不能简单地说明其偿债能力强。还需要注意速动资产中应收账款的比例、应收账款的账龄以及可回收性。在速动比率相同的情况下，如果应收账款所占比例较低且账龄较短，则速动比率的质量较好。在分析时，可以同时考虑应收账款周转率，以更准确地评估企业的短期偿债能力。

（3）资产负债率。资产负债率用来反映企业财务状况、偿债能力以及衡量债权人在破产清算时的利益受保护程度。该比值被认为在50%左右为宜。过高的资产负债率通常意味着企业的债务负担较重，财务弹性较小，且融资的额度和空间都会受到限制。过低的资产负债率说明企业的资产很大程度上是通过投资者投资获得的，没有充分利用杠杆效应进行举债经营，对于投资者来说，压力会很大，风险也会很大。

资产负债率=负债总额÷资产总额×100%

（4）产权比率。产权比率反映企业的负债程度高低。

产权比率=负债总额÷所有者权益总额×100%

产权比率越低，说明企业所有者权益对债务的保障程度越高，财务风险越低，长期偿债能力越强；反之，比率越高，说明企业所有者权益对债务的保障程度越低，财务风险越高，长期偿债能力越弱。

（5）所有者权益比率。所有者权益比率反映了企业资产中有多少是所有者投入的。

所有者权益比率=所有者权益总额÷资产总额×100%

所有者权益比率与资产负债率之和应等于1，这两个比率从不同的侧面反映了企业长期财务状况。所有者权益比率越大，资产负债率越小，企业财务风险也越小，企业偿还长期债务的能力就越强。

（6）有息负债比率。有息负债比率越大，表示有息负债越多，企业还本付息的压力越大，财务风险也越高。

有息负债比率=有息负债÷负债总额×100%

在分析时，有息负债比率应结合资产负债表进行综合考虑。如果企业的资产负债率高，但有息负债比率很低，说明企业的负债主要是由无息负债构成，债务风险较低。相反，如果资产负债率和有息负债比率都很高，说明企业面临着较大的偿债压力和财务风险。

（7）有形净值债务率。有形净值债务率反映了企业在清算时债权人投入的资本相对于股东权益的保护程度。

有形净值债务率=负债总额÷有形净值总额×100%

其中，有形净值是指净资产扣除无形资产、开发支出、商誉等价值不稳定的资产后的资产。

较高的有形净值债务率意味着企业对债权人的保障程度较低，风险较高，长期偿债能力较弱；相反，较低的有形净值债务率意味着企业具有较强的长期偿债能力，财务风险较小。

（8）利息保障倍数。又称已获利息倍数，用于反映企业支付借款利息的能力，也就是企业获得的息税前利润对利息费用的保障能力。

利息保障倍数=息税前利润（EBIT）÷利息费用

其中，息税前利润是指利润中未扣除利息费用和所得税费用之前的利润，它可以用利润总额+利息费用来测算，也可以用净利润+所得税费用+利息费用来测算。该公式中的利息费用不仅包括财务费用中的利息费用，还包括计入固定资产成本的资本化利息。

通常情况下，利息保障倍数应大于1，这表示企业有足够的能力偿付当期利息，具备偿还长期负债的能力。一般认可的利息保障倍数标准是3，适当的利息保障倍数表明企业偿付利息的风险较小。

从稳健的角度出发，分析企业的偿付利息能力时，应选择若干年（如3～5年）中最低的指标值作为基本的评估指标。因为在借入资金金额相同的情况下，每年的利息支出是相等的。以最低年份的数据为依据，会计信息使用者可以了解企业最低的偿付利息能力。

（9）EBITDA利息保障倍数。EBITDA是指息税折旧摊销前利润，即未计利息、所得税、折旧及摊销前的利润。EBITDA的计算公式为：

EBITDA=净利润+企业所得税+利息费用+折旧+摊销

EBITDA利息保障倍数用于评估EBITDA对企业利息费用的保障能力。EBITDA与利息费用的比率较高，即债务利息保障倍数较高，说明企业能够通过可支配的现金更好地保障利息费用，财务风险较低。

EBITDA利息保障倍数=息税折旧摊销前利润（EBITDA）÷利息费用

（10）现金流动负债比率。这一指标从企业现金流的角度考察企业的偿债能力，以判断企业是否能够获得足够的、正向的现金流，以确保对流动负债的支付能力。

现金流动负债比率=经营活动产生的现金流量净额÷流动负债×100%

典型实例8-2 计算并分析Y公司资产负债率、产权比率、有形净值债务率和利息保障倍数

根据Y公司资产负债表、利润表和有关资料（见表8-2），计算其资产负债率、产权比率、有形净值债务率和利息保障倍数。（其他资料：Y公司2023年发生资本化利息费用100 000.00元）

表8-2   Y公司资料表   单位：元

项目	2023年全额	2022年全额
资产总额	15 330 911.00	13 171 330.00
负债总额	4 480 460.50	2 520 450.00
所有者权益总额	10 850 450.50	10 650 880.00
无形资产	246 600.00	305 500.00
财务费用	16 500.00	11 000.00
利润总额	177 550.00	112 000.00

分析要点：

2023年Y公司各项指标计算如下：

（1）资产负债率：

资产负债率=负债总额÷资产总额×100%=4 480 460.50÷15 330 911.00×100%=29.23%

（2）产权比率：

产权比率=负债总额÷所有者权益总额×100%=4 480 460.50÷10 850 450.50×100%=41.29%

（3）有形净值债务率：

有形净值债务率=负债总额÷有形净值总额×100%

    =4 480 460.50÷（10 850 450.50-246 600.00）×100%

    =42.25%

（4）利息保障倍数：

利息保障倍数=息税前利润（EBIT）÷利息费用=（利润总额+财务费用）÷利息费用

    =（177 550.00+16 500.00）÷（100 000.00+16 500.00）=194 050÷116 000.00

    =1.67

2022年Y公司各项指标计算如下：

（1）资产负债率：

资产负债率=负债总额÷资产总额×100%=2 520 450.00÷13 171 330.00×100%=19.14%

（2）产权比率：

产权比率=负债总额÷所有者权益总额×100%=2 520 450.00÷10 650 880.00×100%=23.66%

（3）有形净值债务率：

有形净值债务率=负债总额÷有形净值总额×100%

    =2 520 450.00÷（10 650 880.00-305 500.00）×100%

    =24.36%

（4）利息保障倍数：

利息保障倍数=息税前利润（EBIT）÷利息费用=（利润总额+财务费用）÷利息费用

    =（112 000.00+11 000.00）∶11 000.00

    =11.18

将上述计算结果填入表8-3中：

表8-3　　　　　　　　　　　　Y公司各项指标计算表

偿债能力指标	2023年	2022年
资产负债率	29.23%	19.14%
产权比率	41.29%	23.66%
有形净值债务率	42.25%	24.36%
利息保障倍数	1.67	11.18

由表8-3可知：

（1）Y公司2022年的资产负债率为19.14%，而2023年上升到29.23%。从这个数据可以看出，Y公司近两年的资产负债率并不高，表明该公司拥有足够的资产来偿还债务。然而，这也反映出该公司未能充分利用负债来扩大生产和经营规模，从而获得更多的利润。这可能意味着Y公司在财务管理方面有待改进，需要更好地利用债务融资来推动业务增长和盈利能力的提升。

（2）Y公司2022年的产权比率为23.66%，而2023年上升到41.29%。产权比率的上升主要是由于公司非流动负债比重的大幅增加。尽管负债比重上升，但在2023年，公司通过负债筹集的资金未达到自有资金的一半，这表明公司拥有充足的自有资金来偿还债务。这意味着公司具备一定的偿债能力，能够保障债务的支付。

（3）Y公司2022年的有形净值债务率为24.36%，而2023年上升到42.25%。有形净值债务率的上升主要是由于公司负债的大幅增加，2023年的负债总额比2022年增长了77.76%。尽管Y公司2023年的有形净值偿债能力相比于2022年有所下降，但总体而言，负债未超过有形净值的一半，这表明公司仍具备较强的偿债能力。

（4）Y公司2022年的利息保障倍数为11.18倍，表明公司具有较强的利息偿付能力。2023年的利息保障倍数下降至1.67倍，主要原因是本期资本化利息导致利息支出增加，从而降低了利息保障倍数。尽管如此，Y公司2023年的息税前利润仍足以支付所有的利息费用。这表明公司在偿付利息方面仍然具备充足的能力。

8.1.2　运用财务指标分析企业盈利能力

盈利能力是企业实现盈利的能力。随着企业进入战略经营管理时代，对盈利能力的分析变得越来越重要。

1.衡量企业总资产盈利能力的财务指标

（1）总资产报酬率

总资产报酬率用于评估企业利用全部经济资源获取收益的能力，同时也反映了企业运营活动的效率。该比率可以通过以下公式计算：

总资产报酬率=息税前利润÷资产平均总额×100%

息税前利润指的是企业在支付债务利息和所得税之前的利润总额。债权人通常使用资产息税前利润率来分析企业的资产回报率。较高的利润率表示较强的盈利能力，如果该利润率超过负债利息率，则进一步表明企业具备足够的收益来支付债务利息，盈利能力和偿债能力较强；相反，较低的利润率则表明企业经营能力较弱，可能难以支付债务利息。

典型实例8-3　　　**计算A公司的总资产报酬率并分析其盈利能力**

A公司2023年资产负债表日，利润表中列示的2023年度利润总额共计2 150 000 000.00元，利息费用共计256 000 000.00元。资产负债表中列示的总资产期初余额 33 000 000 000.00 元，期末余额 39 000 000 000.00 元；总负债期初余额 18 200 000 000.00 元，期末余额 21 900 000 000.00 元。计算 A 公司的总资产报酬率并分析其盈利能力。

分析要点：

资产平均总额=（33 000 000 000.00+39 000 000 000.00）÷2=36 000 000 000.00（元）

息税前利润=（2 150 000 000.00+256 000 000.00）=2 406 000 000.00（元）

总资产报酬率=2 406 000 000.00÷36 000 000 000.00×100%≈6.68%

平均负债=（18 200 000 000.00+21 900 000 000.00）÷2=20 050 000 000.00（元）

负债利息率=2 406 000 000.00÷20 050 000 000.00×100%≈12%

根据 A 公司 2023 年的资产负债表和利润表数据，可以计算出该公司的总资产报酬率为 6.68%，而负债利息率为 12%。从总资产报酬率来看，公司的盈利能力并不是很强。此外，由于总资产报酬率小于负债利息率，进一步说明公司的盈利能力较弱。这意味着公司利用全部经济资源获取收益的能力较弱，偿债能力也较弱。公司可能会面临一定的困难，尤其是在用经营收益偿还债务利息方面。

（2）资产利润率

资产利润率用下列公式计算：

资产利润率=利润总额÷资产平均总额×100%

高资产利润率表明企业的资产具有较强的盈利能力，同时也反映了企业管理者对资产的有效配置能力。相反，低资产利润率表明企业的资产盈利能力较弱，管理者对资产的配置能力也较弱，同时也暗示了企业的资产利用效率较低。

（3）资产净利率

资产净利率又称为资产收益率，用下列公式计算：

资产净利率=净利润÷资产平均总额×100%

从资产净利率的计算公式来理解，它反映的是每投入 1 元资产所获得的利润是多少。资产可以被看作企业的投入或者投资，净利润是产出，资产净利率就是反映企业资源投入的产出效益。净利润可以直接从利润表中获取，它代表了企业所有者所获得的剩余收益。这一指标的数值越高，说明企业的盈利能力越强；反之，数值越低，表示企业的盈利能力越弱。

从另一个角度来看，资产净利率实际上是销售净利率和资产周转率共同作用的结果。我们可以用以下公式表示：

资产净利率=销售净利率×资产周转率×100%

通常情况下，一家企业的销售净利率较高时，资产周转率会较低；或者资产周转率较低时，销售净利率较高。很少会出现销售净利率和资产周转率都很高的情况。

典型实例8-4 计算A公司的资产净利率并分析其盈利能力

A公司2023年资产负债表日，利润表中列示的2023年度净利润共计1 711 000 000.00元，资产负债中列示的总资产期初余额33 000 000 000.00元，期末余额39 000 000 000.00元。计算A公司的资产净利率并分析其盈利能力。

分析要点：

资产平均总额=（33 000 000 000.00+39 000 000 000.00）÷2=36 000 000 000.00（元）

资产净利率=1 711 000 000.00÷36 000 000 000.00×100%≈4.75%

通过分析资产净利率，我们可以看到该公司每投入100.00元的资产仅能获得4.75元的净利润，这个数值并不高，似乎表明公司的盈利能力相对较弱。为了判断该公司2023年的盈利能力是有所增强还是减弱，我们需要将其与2022年的资产净利率进行比较。通过这种方式，我们可以得出对该公司盈利能力变化的准确评估。

（4）资产周转率

资产周转率反映每1元的资产所带来的营业收入，其计算公式为：

资产周转率=营业收入÷平均资产总额

影响企业资产周转率的因素包括主营业务的属性和企业管理能力。不同主营业务的公司的资产周转率差异很大。此外，企业管理层在资产管理方面的创新能力也会导致资产周转率的差异。因此，要提高资产周转率，企业应该关注主营业务的属性，选择具有较高资产周转率的业务领域。同时，企业管理层应具备创新能力，通过优化资产管理，提高资产周转率。这样可以有效提升企业的运营效率和盈利能力。

小思考8-2

为什么在盈利能力指标中，关于资产盈利能力指标的分析计算公式，资产总额需要用平均资产总额，而不用期末资产总额？

2.分析股东权益的盈利能力

股东权益的盈利能力通常通过股东权益报酬率来衡量，也被称为净资产收益率或所有者权益报酬率。其计算公式如下：

股东权益报酬率=净利润÷股东权益平均总额×100%

股东权益平均总额=（股东权益期初总额+股东权益期末总额）÷2

较高的股东权益报酬率意味着股东获得的投资回报较高，企业的盈利能力也较强；相反，较低的股东权益报酬率则表示股东获得的投资回报较低，企业的盈利能力较弱。需要注意的是，在上述公式中，股东权益平均总额是根据账面价值而不是市场价值来计算的。一般来说，股份公司的股东权益市场价值通常高于其账面价值。如果使用股东权益的市场价值来计算股东权益报酬率，结果可能会远低于净资产收益率。

3.分析销售活动的盈利能力

评估销售活动的盈利能力常用的财务指标包括销售毛利率、销售净利率和成本费用净利率等。

（1）销售毛利率

销售毛利率也被称为毛利率，用下列公式计算：

销售毛利率=（营业收入净额-营业成本）÷营业收入净额×100%

较高的销售毛利率意味着企业的营业收入中，营业成本所占比例较低，从销售中获取利润的能力较强；相反，较低的销售毛利率则表示营业收入中的营业成本所占比例较高，从销售中获取利润的能力较弱。

典型实例8-5 ■ **计算A公司的销售毛利率并分析其销售活动的盈利能力**

根据A公司2023年利润表中列示的数据，该年度的营业收入总额为59 005 255 000.00元，营业成本总额为52 295 262 000.00元。在假设没有销售退回、销售折扣和折让的情况下，试计算A公司的销售毛利率并分析其销售活动的盈利能力。

分析要点：

将数据代入公式，可以得到：

销售毛利率=（59 005 255 000.00-52 295 262 000.00）÷59 005 255 000.00×100%=11.37%

经过计算，A公司的销售毛利率为11.37%。这意味着在营业收入中，营业成本占比为88.63%。销售毛利率较低，说明A公司通过销售活动获得利润的能力相对较弱。为了准确评估公司的盈利能力，可以将其销售毛利率与同行业平均水平进行比较。若销售毛利率高于行业平均水平，表明公司具备较强的盈利能力；若低于行业平均水平，则说明公司的盈利能力较弱。同样，可以将公司的销售毛利率与过去的数据进行比较，以观察是否有增长。若有增长，则说明公司的盈利能力在增强；若有下降，则说明公司的盈利能力在减弱。通过这些比较，能够更准确地判断公司的盈利能力表现。

（2）销售净利率

销售净利率用下列公式计算：

销售净利率=净利润÷营业收入净额×100%

较高的销售净利率表示企业通过销售活动获取利润的能力较强，盈利能力较强，同时也反映了企业通过扩大销售获得报酬的能力较强。相反，较低的销售净利率意味着企业通过销售活动获取利润的能力较弱，盈利能力较弱，通过扩大销售获得报酬的能力也较弱。

小提示8-2 ■

销售净利率的分析需要综合考虑营业收入的可靠性、合理性和稳定性。企业的营业收入一般包括主营业务收入和其他业务收入。在分析营业收入水平、变动和构成时，关注点应放在主营业务收入的水平、比重和变动情况上。从营业收入的构成来看，只有主营业务收入占比较高才是可靠和合理的。如果其他业务收入占比较高，说明企业的主营业务不突出，市场竞争力较弱，收入的稳定性也不高。从营业收入的稳定性来看，只有主营业务收入保持较高的比重，并且能够持续稳定增长，才能体现企业具有稳定的市场基础和客户基础。在明确各项收入状况的基础上，还需要仔细分析各项业务的成本和费用支出情况。重点是检查收入与成本费用是否匹配，以及成本、费用的变动趋势和支出原则。

（3）成本费用净利率

成本费用净利率的计算公式为：

成本费用净利率=净利润÷成本费用总额×100%

成本费用净利率较高，表示企业为了获得回报而付出的成本较低，盈利能力较强；相反，成本费用净利率较低，表示企业为了获得回报而付出的成本较高，盈利能力较弱。

4.与上市公司盈利能力有关的财务指标

上市公司盈利能力的分析与股票价值密切相关，常用的分析指标包括每股收益、每股净资产、市盈率和市净率等。

（1）每股收益

每股收益也被称为每股利润或每股盈余，计算公式如下：

每股收益=（净利润−优先股股利）÷发行在外的普通股平均股数

一般来说，每股收益越高，说明企业盈利能力越强；反之，每股收益越低，说明企业盈利能力越弱。

（2）每股净资产

每股净资产也称为每股账面价值或每股权益。当企业的每股净资产较高时，表明股东拥有的资产价值较多；而当每股净资产较低时，股东所拥有的资产价值就较少。其计算公式为：

每股净资产=（期末股东权益总额−优先股权益）÷期末普通股股份总数

（3）市盈率和市净率

市盈率和市净率的计算公式如下：

市盈率=每股市价÷每股收益

市净率=每股市价÷每股净资产

每股净资产=股东权益总额÷发行在外的普通股股数

通过分析这两个指标，企业可以判断股票的市场定价是否符合公司的基本面，并为投资者的投资活动提供决策依据。具体见表8-4。

表 8-4　　　　　　　　　　　　市盈率和市净率

项目	内容
市盈率	可以反映公司市场价值与盈利能力之间的关系，资本市场中并不存在一个标准的市盈率，分析时也需要结合行业特点，但一般来说，成长性好的公司其股票市盈率通常较高
市净率	可以反映公司股票市场价值与账面价值之间的关系，比率越高，说明股票的市场价值越高。通常来说，资产质量好、盈利能力强的公司，其市净率会比较高

知识延伸8-1

（4）股利支付率

股利支付率用来衡量普通股每股收益中股利所占比重，其计算公式如下：

股利支付率=普通股每股股利÷普通股每股收益×100%

在公式中，每股股利是实际发放给普通股股东的股利总额与流通股数的比值。股利支付率反映了企业的股利政策，具体高低应根据企业的资金需求情况进行分析，没有一个固定的标准。

小思考8-3

一般情况下，市盈率越高，则表明市场对企业的未来发展前景越看好，但同时也表明该种股票投资的风险越高。那么，目前国际上认可的市盈率标准区间是多少？

8.1.3　运用财务指标分析企业营运能力

企业营运能力分析主要涵盖流动资产营运能力分析、固定资产营运能力分析和总资产营运能力分析三个方面。

1.流动资产营运能力分析

反映流动资产营运能力的指标主要有应收账款周转率、存货周转率和流动资产周转率。

（1）应收账款周转率

衡量应收账款周转情况的指标包括应收账款周转率（次数）和应收账款周转天数。

①应收账款周转率（次数）计算公式为：

应收账款周转率（次数）=营业收入（或赊销收入）÷应收账款平均余额

应收账款平均余额＝（应收账款期初余额＋应收账款期末余额）÷2

②应收账款周转天数计算公式为：

应收账款周转天数＝计算期天数÷应收账款周转率（次数）

＝计算期天数×应收账款平均余额÷营业收入（或赊销收入）

一般来说，应收账款周转率（次数）越高、周转天数越短，表明应收账款管理效率越高。

在计算和使用应收账款周转率（次数）指标时，需要注意表8-5所列问题。

表8-5　　　计算和使用应收账款周转率（次数）指标时需要注意的问题

项目	内容
营业收入（或赊销收入）	在进行企业内部分析时，为了准确分析，应使用赊销净额。然而，在进行企业外部分析时，由于很少有企业的会计报表明确标明赊销收入金额，因此难以获取企业的赊销收入数据。此外，可以假设现金销售是收款期为零的应收账款。因此，只要保持计算口径的历史一致性，使用销售净额不会影响分析的准确性。对于"赊销收入"数据，可以直接使用利润表中的"营业收入"
应收账款	包括会计报表中的应收票据和应收账款等全部赊销账款，因为应收票据是销售形成的应收款项的另一种形式
坏账准备	应收账款应为未扣除坏账准备的金额。会计报表上列示的应收账款金额是净额，计提坏账准备将减少应收账款金额，而营业收入保持不变。因此，计提坏账准备较多，会导致应收账款周转率增高、周转天数减少，这可能会导致错误的结论，即应收账款管理较好
应收账款期末余额的可靠性	应收账款是特定时间点的存量，容易受季节性、偶然性和人为因素的影响。在使用应收账款周转率进行行业绩效评价时，最好使用多个时间点的平均数，以减少这些因素的影响

当一定时期内的应收账款周转率（次数）较高（或周转天数较少）时，表明以下情况：

①企业能够迅速收回账款，信用管理严格。

②应收账款具有较高的流动性，从而增强了企业的短期偿债能力。

③可以减少收款费用和坏账损失，同时相对增加企业流动资产的投资收益。通过比较应收账款周转天数和企业信用期限，还可以评估客户的信用程度，并相应调整企业的信用政策。

典型实例8-6　　　计算甲公司应收账款周转率和

应收账款周转天数并分析营运能力

甲公司2023年年末应收账款余额为5 200 000.00元，2022年年末应收账款余额为 4 500 000.00 元，2023 年营业收入为 68 500 000.00 元。计算该公司应收账款周转率和应收账款周转天数（2022 年应收账款周转率为 10.78）。

分析要点：

将数据代入公式，可以得到：

应收账款周转率=68 500 000.00÷〔（5 200 000.00+4 500 000.00）÷2〕=14.12（次）

应收账款周转天数=360÷14.12=26（天）

甲公司 2023 年的应收账款周转率为 14.12，相较于 2022 年的 10.78 提高了 3.34。这表明该公司在收回应收账款方面的速度有所提高，同时账龄也有所缩短。这意味着该公司的资产流动性较强，短期偿债能力也较强，从而能够减少收账费用和坏账损失的发生。

（2）存货周转率

在企业的流动资产中，存货通常占据较大的比重。可以通过存货周转率（次数）和存货周转天数来分析存货的周转情况。

①存货周转率（次数）计算公式为：

存货周转率（次数）=营业成本÷存货平均余额

存货平均余额=（期初存货+期末存货）÷2

其中，营业成本为利润表中"营业成本"的数值。

②存货周转天数计算公式为：

存货周转天数=计算期天数÷存货周转次数=计算期天数×存货平均余额÷营业成本

一般来说，存货周转速度较快，说明存货占用水平较低，存货的流动性也较强。在具体的分析过程中，需要注意以下几点：

①存货周转率的高低与企业的经营特点密切相关，应注意行业的可比性。

②存货周转率反映的是存货整体的周转情况，不能说明企业在经营各环节的存货周转情况和管理水平。

③在分析中，应结合应收账款周转情况和信用政策进行综合分析。

小提示 8-3

对于一些具有强烈季节性的企业，其经营活动可能会导致年度内各季度的销售成本和存货出现较大幅度的波动。在这种情况下，如果以一个会计年度作为存货周转率的核算期间，计算结果可能会不准确。因此，可以考虑按月或按季度的余额来进行存货周转率的计算，以更准确地反映存货的周转情况。

（3）流动资产周转率

流动资产周转率（次数）和流动资产周转天数计算公式为：

流动资产周转率（次数）=营业收入÷流动资产平均余额

流动资产周转天数=计算期天数÷流动资产周转率（次数）

＝计算期天数×流动资产平均余额÷营业收入

流动资产平均余额=（期初流动资产+期末流动资产）÷2

在特定时间段内，较高的流动资产周转率（次数）意味着使用相同流动资产完成更多周转额，从而提高了流动资产的利用效率。较短的流动资产周转天数意味着流动资产在生产和销售各阶段所占用的时间较少，这可以相对节约流动资产，并增强企业的盈利能力。

典型实例8-7　　计算甲公司流动资产周转率并分析营运能力

甲公司2023年资产负债表日，利润表中列示的2023年度营业收入共计56 558 215 000.00元，资产负债表中列示的流动资产期初余额为25 650 000 000.00元，期末余额为28 354 562 000.00元。计算甲公司流动资产周转率并分析营运能力。

分析要点：

将数据代入公式，可以得到：

流动资产平均余额=（25 650 000 000.00+28 354 562 000.00）÷2=27 002 281 000.00（元）

流动资产周转率=56 558 215 000.00÷27 002 281 000.00=2.09（次）

根据流动资产周转率的数据，我们可以看出公司在一个会计年度内实现了两次流动资产的周转，相当于每半年周转一次。这表明公司的流动资产利用率并不低，具备一定的营运能力。然而，通过采取有效措施，我们仍然可以适当提高流动资产的周转率，从而提高流动资产的利用效率，为企业争取更多的投资获益机会。

在实际应用中，财务会计人员很难仅凭流动资产周转率的大小来判断企业的营运能力强弱。因此，需要综合考虑企业所处的行业特点，或者与竞争对手进行比较，以观察企业的流动资产周转率是高还是低，从而评估流动资产的利用效率。

2.固定资产营运能力分析

固定资产周转率（次数）的计算公式为：

固定资产周转率（次数）=营业收入÷平均固定资产

平均固定资产=（期初固定资产+期末固定资产）÷2

当固定资产周转率（次数）较高时，意味着企业在投资固定资产方面做出了明智的决策，资产结构合理，并且能够高效地利用这些固定资产。相反，如果固定资产周转率（次数）较低，则表明固定资产的利用效率不高，企业的营运能力相对较弱。

典型实例8-8　　计算甲公司固定资产周转率并分析营运能力

甲公司2023年资产负债表日，利润表中列示的2023年度营业收入共计56 558 215 000.00元，资产负债表中列示的固定资产期初净值716 000 000.00元，期末净值855 282 000.00元。计算甲公司固定资产周转率并分析营运能力。

分析要点:

将数据代入公式,可以得到:

固定资产平均净值=(716 000 000.00+855 282 000.00)÷2=785 641 000.00(元)

固定资产周转率=56 558 215 000.00÷785 641 000.00≈71.99(次)

从固定资产周转率的数据来看,该公司在一个会计年度内实现了72次固定资产的周转,以每年360天为基准,平均每5天就能完成一次周转。这样的周转速度非常迅速,显示了公司对于厂房和设备等固定资产的高效利用。这对于提升企业的盈利能力具有显著的帮助。

3.总资产营运能力分析

一般来说,反映总资产营运能力的指标主要包括总资产产值率、总资产收入率和总资产周转率(次数)。

(1)总资产产值率

总资产产值率计算公式为:

总资产产值率=总产值÷平均总资产×100%

总资产产值率越高,说明企业资产的投入产出比越高,企业的总资产运营状况越好。

(2)总资产收入率

总资产收入率计算公式为:

总资产收入率=总收入÷平均总资产×100%

通常情况下,总资产收入率越高,表明企业的总资产运营能力越强,营运效率越高。相比总资产产值率,总资产收入率更能准确地反映企业总资产的运营能力。这是因为企业的总产值不仅包括已完成产品的价值,还包括未完成产品的价值,既包括已销售商品的价值,也包括库存产品的价值。

(3)总资产周转率

总资产周转率(次数)计算公式为:

总资产周转率(次数)=营业收入÷平均资产总额

如果企业各期资产总额比较稳定,波动不大,则:

平均资产总额=(期初资产总额+期末资产总额)÷2

如果资金占用的波动性较大,企业应采用更详细的资料进行计算,如按照各月的资金占用额计算,则:

平均资产总额=(月初资产总额+月末资产总额)÷2

$$季平均占用额=\frac{1/2季度初资产余额+第一月末资产余额+第二月末资产余额+1/2季度末资产余额}{3}$$

年平均占用额=(1/2年初资产余额+第一季度末资产余额+

第二季度末资产余额+第三季度末资产余额+1/2年末资产余额)÷4

在计算总资产周转率(次数)时,需要注意分子和分母在时间上的一致性。这个比率用于衡量企业整体资产的利用效率。总资产由各种不同的资产组成,在给定的营业收入情况下，驱动总资产周转率（次数）的因素是各种资产。因此，对于总资产周转情况的分析应该考虑各种资产的周转情况，以确定影响企业资产周转的主要因素。

典型实例8-9 计算甲公司总资产周转率并分析营运能力

甲公司2023年资产负债表日，利润表中列示的2023年度营业收入共计56 558 215 000.00元，资产负债表中列示的资产期初总额33 004 355 000.00元，期末总额36 086 432 000.00元。计算甲公司总资产周转率并分析营运能力。

分析要点：

将数据代入公式，可以得到：

平均资产总额=（33 004 355 000.00+36 086 432 000.00）÷2=34 545 393 500.00（元）

总资产周转率=56 558 215 000.00÷34 545 393 500.00≈1.64（次）

从总资产周转率的角度来看，该公司的所有资产在一个会计年度内大约周转了两次，每次周转大约需要219天，周转速度不算快。此时，需要将其与同行业的平均水平进行比较。如果该公司的总资产周转率高于行业平均水平，那么说明该公司的资产利用效率较高，经营活动的效率也较高；相反，如果总资产周转率低于行业平均水平，那么说明该公司的资产利用效率较低，经营活动的效率也相对较低。

8.1.4　运用财务指标分析企业发展能力

衡量企业发展能力的主要指标包括销售（营业）增长率、总资产增长率、营业利润增长率、资本保值增值率、资本积累率和所有者权益增长率。

1.销售（营业）增长率

销售（营业）增长率计算公式为：

销售（营业）增长率=当年营业收入增长额÷上年营业收入总额×100%

当年营业收入增长额=当年营业收入总额−上年营业收入总额

利用销售（营业）增长率指标分析企业发展能力时，应注意：

（1）销售（营业）增长率是衡量企业经营状况和市场占有能力的重要指标，同时也可以预测企业经营业务的拓展趋势。

（2）销售（营业）增长率指标大于0表示企业本年的销售收入有所增长。指标值越高，说明企业增长速度越快，市场前景越好。如果销售（营业）增长率指标小于0，表示企业的产品销售不畅，市场份额减少。然而，销售增长并非越快越好，过快的增长可能导致后期难以控制。因此，保持稳健、可控的自然增长速度可能是最佳的选择。

（3）在实际分析中，应结合企业历年的销售水平、市场占有情况、行业未来发展趋势以及其他影响企业发展的潜在因素进行前瞻性预测。也可以根据企业前三年的销售收入增长率进行趋势性分析预测。然而，需要注意的是，该指标是相对指标，受到收入增长基数的影响。如果上年销售收入额较小，即使本年增长较小，该指标值也可能较大，不利于企业间的比较。因此，在分析过程中，需要综合使用销售收入增长额等指标进行综合判断。

（4）通常情况下，一个成长性强的企业，该指标的数值较大。而处于成熟期的企业，该指标可能较低，但凭借其已占据的市场份额，仍能够保持稳定且丰厚的利润。相反，处于衰退阶段的企业，该指标可能为负数，这往往是一个危险信号。

（5）在分析中，可以将其他类似企业、企业历史水平以及行业平均水平作为比较标准。这样可以更好地评估企业的销售（营业）增长率，并更准确地了解企业在行业中的竞争地位。

2.总资产增长率

总资产增长率计算公式为：

总资产增长率=本年资产增长额÷年初资产总额×100%

本年资产增长额=年末资产总额－年初资产总额

在进行分析时，需要注意资产规模扩张的质和量之间的关系，以及企业的后续发展能力。盲目追求资产扩张可能带来一些潜在风险，例如财务压力和不良资产数量的增加。因此，在评估总资产增长率时，需要综合考虑企业的盈利能力、现金流状况以及市场竞争力等因素，以确保企业能够持续发展并保持稳健的经营状况。

3.营业利润增长率

营业利润增长率反映企业营业利润的增减变动情况，其计算公式为：

营业利润增长率=本年营业利润增长额÷上年营业利润总额×100%

本年营业利润增长额=本年营业利润－上年营业利润

典型实例8-10 ■ **计算A公司营业利润增长率并分析发展能力**

A公司2023年营业利润总额为7 200万元，2022年营业利润总额为6 500万元。计算A公司营业利润增长率并分析发展能力。

分析要点：

将数据代入公式，可以得到：

本年营业利润增长额=7 200-6 500=700（万元）

营业利润增长率=700÷6 500×100%=10.77%

该公司的营业利润增长率大于0，说明公司的营业利润正以较快的速度增长，这显示出了公司良好的经营盈利潜力和发展前景。较高的营业利润增长率表明公司在控制成本、提高销售收入或优化运营效率等方面取得了显著的成果。这种增长率的正值也意味着公司的盈利能力正在增强，为公司未来的发展提供了积极的信号。但是，也需要综合考虑其他财务指标和市场环境等因素，以全面评估公司的经营状况和发展潜力。

4.资本保值增值率

资本保值增值率计算公式为：

资本保值增值率=扣除客观因素影响后的期末所有者权益÷期初所有者权益×100%

如果企业的盈利能力提高，利润增加，那么期末的所有者权益必然会大于期初的所有者权益。因此，这个指标也是衡量企业盈利能力的重要指标之一。当然，这个指标的高低不仅受到企业经营成果的影响，还受到企业的利润分配政策和资本投入的影响。

5.资本积累率

资本积累率计算公式为：

资本积累率=本年所有者权益增长额÷年初所有者权益×100%

本年所有者权益增长额=所有者权益年末数−所有者权益年初数

较高的资本积累率意味着企业具有较强的资本保全性和持续发展能力，能够较好地应对风险。相反，如果资本积累率为负数，说明企业的资本受到侵蚀，所有者权益遭受损害。

从会计报表来看，资本积累主要来自企业实现净利润后的留存和股东追加的投资。然而，前者更能准确地反映资本积累的本质，展示企业的发展能力和潜力。

6.所有者权益增长率

所有者权益增长率计算公式为：

所有者权益增长率=本年所有者权益增长额÷年初所有者权益×100%

本年所有者权益增长额=年末所有者权益−年初所有者权益

当所有者权益增长率较高时，说明企业在经营过程中成功地积累了更多的资本。这种资本积累为企业提供了更多的资源和储备，使其能够更好地应对外部环境的变化和风险的挑战。此外，较高的所有者权益增长率还意味着企业能够更好地满足内部资金需求，推动持续发展和扩大经营规模。

8.2 综合分析评价企业财务状况

8.2.1 应用杜邦分析法综合分析会计报表

1.杜邦分析法的基本理论

杜邦财务分析体系以净资产收益率为核心指标，并将其拆分为其他若干财务指标，通过分析这些分解指标的变动对净资产收益率的影响，以揭示企业真实的盈利能力及其变动的原因。杜邦财务分析体系的关键指标之间的关系如图8-3

所示。

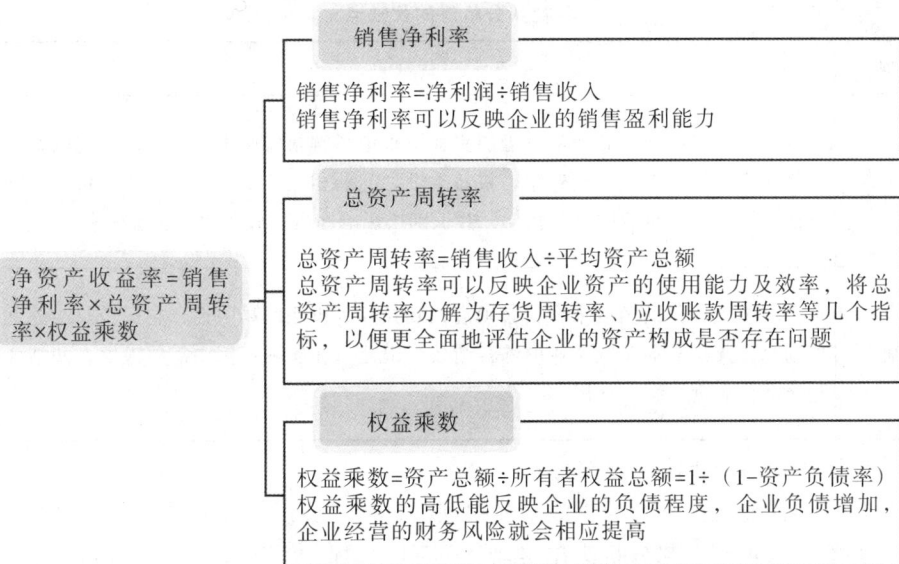

销售净利率

销售净利率=净利润÷销售收入
销售净利率可以反映企业的销售盈利能力

总资产周转率

总资产周转率=销售收入÷平均资产总额
总资产周转率可以反映企业资产的使用能力及效率，将总资产周转率分解为存货周转率、应收账款周转率等几个指标，以便更全面地评估企业的资产构成是否存在问题

净资产收益率=销售净利率×总资产周转率×权益乘数

权益乘数

权益乘数=资产总额÷所有者权益总额=1÷（1−资产负债率）
权益乘数的高低能反映企业的负债程度，企业负债增加，企业经营的财务风险就会相应提高

图8-3　杜邦财务分析体系的关键指标之间的关系

杜邦分析法为企业的经营管理层提供了一种思路，用于考察企业的资产管理效率以及是否最大化了所有者的投资回报。具体思路如下：

（1）通过销售净利率来全面概括利润表的内容，从而能够说明企业的日常经营管理状况。如果企业希望改善日常经营管理状态，首先需要提高销售净利率，使收入增长幅度高于成本和费用，或者降低企业的成本和费用。

（2）通过权益乘数来全面概括资产负债表的内容，以反映企业的资产负债和权益的相互比例关系。权益乘数能够说明企业的基本资本构成状况，也能反映企业的债务管理效率。在不危及自身财务安全的前提下，企业可以适当增加债务规模。

（3）通过总资产周转率将企业的利润表和资产负债表联系起来，以说明企业的资产管理状况。如果企业希望改善资产管理状况，就需要提高总资产周转率。为了改善总资产周转率，企业应该提高存货周转率和应收账款周转率等，从而改善总资产周转率。

（4）净资产收益率受到销售净利率、总资产周转率和权益乘数这三个指标的影响。通过分析这些指标，可以更好地理解企业的经营状况，并为制定相应的战略和决策提供依据。

2.杜邦分析法的优缺点（见表8-6）

表8-6 杜邦分析法的优缺点

项目	优缺点
优点	杜邦分析法能够帮助企业的管理层更加清晰地了解权益基本收益率的决定因素，以及销售净利率与总资产周转率、权益乘数之间的相互关系。通过杜邦分析法，管理层能够全面分析企业的财务状况，并识别出影响净资产收益率的关键因素
缺点	从企业绩效评价的角度来看，必须意识到杜邦分析法的局限性，它只涉及财务方面的信息，无法全面反映企业的综合绩效。因此，在实际运用中需要谨慎，并结合其他企业信息进行综合分析

3.运用杜邦分析法的建议

（1）要深刻理解杜邦分析法与公司理财目标、公司代理关系等之间的内在联系，并充分认识到杜邦分析法在实现公司理财目标、缓解公司代理冲突等方面的重要作用。

（2）要完善财务与会计的各项基础工作，建立和健全财务与会计的各项规章制度，确保财务与会计信息的真实、完整、可靠和及时。

（3）要加强杜邦分析法与公司的长期战略目标以及近期目标责任之间的沟通和联系，将杜邦分析法的功能从事后财务分析延伸到事前战略规划和目标责任的制定中。

（4）要注意杜邦分析系统中各项财务指标之间的递进影响关系和动态发展趋势，并根据这种递进影响关系来平衡和影响各个要素之间的关系，实现协调发展。

8.2.2 应用沃尔评分法综合分析会计报表

运用沃尔评分法的基本步骤如下：

（1）选择评价指标并分配指标权重。在确定评价指标及其权重时，可以参考财政部《企业绩效评价操作细则（修订）》中的企业绩效评价指标体系。

①沃尔评分法常用的评价指标如图8-4所示。

②按重要程度确定各项比率指标的评分值（权重，下同），评分值之和为100：

偿债能力指标为20：资产负债率12、已获利息倍数8。

盈利能力指标为38：净资产收益率25、总资产报酬率13。

营运能力指标为18：总资产周转率9、流动资产周转率9。

发展能力指标为24：销售（营业）增长率12、资本积累率12。

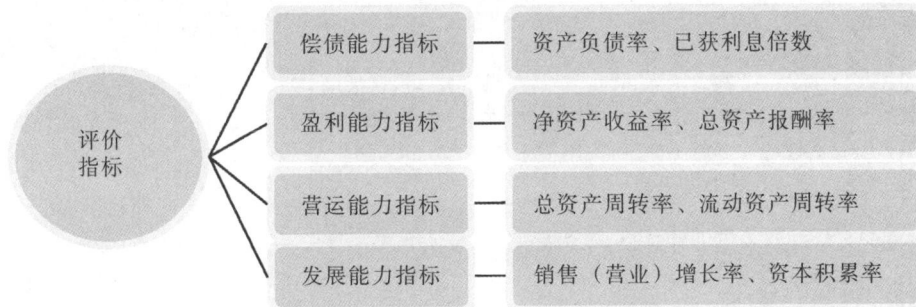

图8-4　沃尔评分法常用的评价指标

（2）确定各项财务指标的标准值。财务指标的标准值是指在当前企业条件下的最佳数值。确定财务指标的标准值可以参考行业平均数、企业历史先进数据、国家相关标准或国际公认数据作为基准。

（3）计算企业在一定时期各项比率指标的实际值。

（4）对各项评价指标计分并计算综合分数。其计算公式分别为：

各项评价指标的得分=各指标权重×（指标实际值÷指标标准值）

综合得分=$\sum$各项评价指标的得分

（5）形成评价结果。最终评价时，如果综合得分超过100分，表明企业的财务状况较好；反之，说明企业的财务状况低于同行业平均水平或者本企业历史先进水平等评价指标。

本章小结

本章主要介绍了运用财务指标分析企业财务能力和综合分析评价企业财务状况。本章的重点是根据企业资料完成偿债能力、盈利能力、营运能力和发展能力指标的计算，并能够运用计算的结果对企业的财务效率进行分析评价；能够运用杜邦分析法和沃尔评分法对企业会计报表进行综合分析。

思考题（思政×业务）

1.举例说明如何通过财务指标和比率分析来评价企业在资金投入、技术创新和人才培养方面的贡献程度。

2.在财务分析中，如何运用报表数据来评估企业在经济发展和可持续发展方面的表现？举例说明如何通过财务指标和比率分析来评价企业的盈利能力、现金流状况和环境保护措施的效果。

3.在财务分析中，如何运用报表数据来评估企业在人民主体地位和共享发展成果方面的表现？举例说明如何通过财务指标和比率分析来评价企业的员工福利、社会责任履行和股东权益分配情况。

参考文献

[1] 张先治，王玉红. 财务分析：理论、方法与案例 [M]. 北京：人民邮电出版社，2018.

[2] 张新民. 从报表看企业：数字背后的秘密 [M]. 4版. 北京：中国人民大学出版社，2021.

[3] 王冬梅. 会计报表分析经典案例解读 [M]. 北京：科学出版社，2023.

[4] 王继中. 会计报表与现代企业财务分析 [M]. 广州：中山大学出版社，2022.

[5] 刘靳. 财务报表分析从入门到精通 [M]. 天津：天津科学技术出版社，2020.

[6] 刘春雨，刘梅，郭旭. 财务报表编制与分析（微课版）[M]. 西安：西安电子科技大学出版社，2023.

[7] 张昕. 轻松读懂财务报表 [M]. 2版. 北京：北京大学出版社，2020.

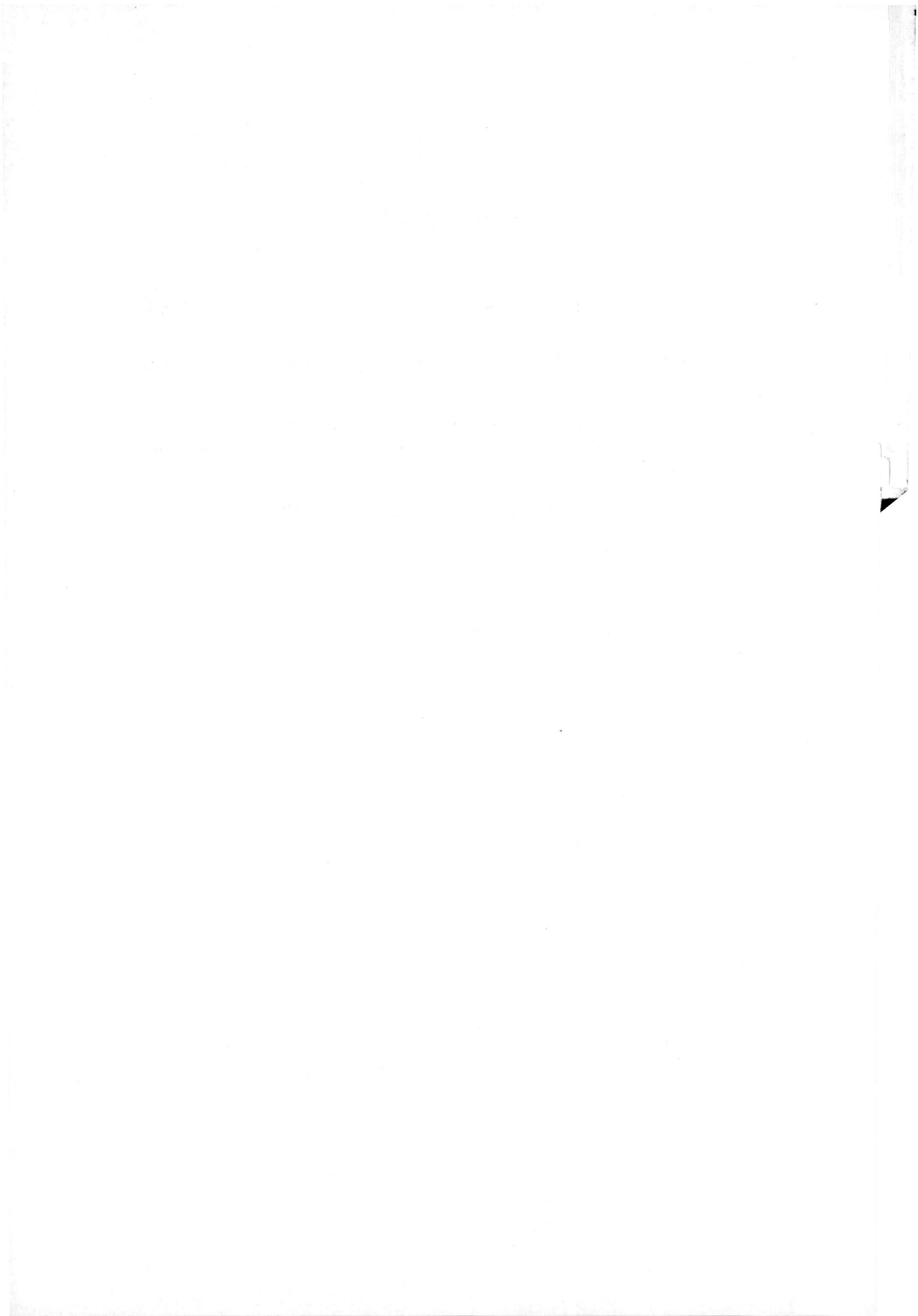